Niels Pflaeging | Valérya Carvalho
Organizar para a Complexidade

NIELS PFLAEGING
VALÉRYA CARVALHO

ORGANIZAR PARA A COMPLEXIDADE

Como fazer o trabalho funcionar de novo, para criar organizações de alto desempenho

2ª-edição, revisada e ampliada

Follett Publishing

"Se você realmente quer entender alguma
coisa, tente mudá-la."

Kurt Lewin

Conteúdo

Como usar este livro

Este livro pode ser lido e usado de várias maneiras.

Como livro de estudos para refletir sobre organizações. Ele contém uma seleção de poderosas ferramentas de pensamento para a organização dinâmico-robusta - todas visualizadas e ilustradas. A construção de alguns conceitos depende de outros apresentados anteriormente, por isso é recomendável que se leia este livro na ordem do começo ao fim.

Como fonte de inspiração. Você encontrará ideias e sugestões para mudar sua organização. Seu trabalho de liderança. Sua equipe. As organizações dos seus clientes.

Como um dicionário. Organizar para a complexidade requer uma nova linguagem, novos termos e distinções precisas. Sem terminologia e vocabulário apropriados, não poderemos conceber a mudança organizacional necessária para esta era. Este livro traz novos termos bem contundentes. Em alguns casos eles estarão em realce no texto e algumas vezes entre parênteses.

Como livro de trabalho. Este livro pode servir como um companheiro em processos de mudança ou de transformação, individualmente ou para equipes inteiras. Recomendações específicas á respeito podem ser encontradas principalmente nos capítulos 5 ao 7. No final deste livro, você encontrará espaço para suas anotações pessoais.

{ Aprenda a consertar o sistema, não os sintomas. }

As mesmas questões, em todos os lugares...

Todos nós nos fazemos perguntas do tipo:

- Como ajustar uma organização em crescimento sem cair na armadilha da burocracia?
- Como lidar com a crescente complexidade?
- Como se adequar melhor a novas circunstâncias?
- Como superar as barreiras que impedem a organização de atingir melhor desempenho, inovação e crescimento?
- Como alcançar maior comprometimento e tornar uma organização mais adequada aos princípios humanos, acima de tudo?
- Como produzir uma mudança profunda, vencendo barreiras?

Neste livro, argumentamos que, para enfrentar questões como essas, devemos criar e sustentar organizações capazes de lidar fortemente com complexidade sem deixar o ser humano de lado. Também discutimos como isso pode ser feito.

{ Você vai aprender conceitos que tornam possível projetar organizações inteiras, capazes de lidar com a complexidade - independentemente de tamanho, idade, mercado, localização ou cultura. }

Parte 1

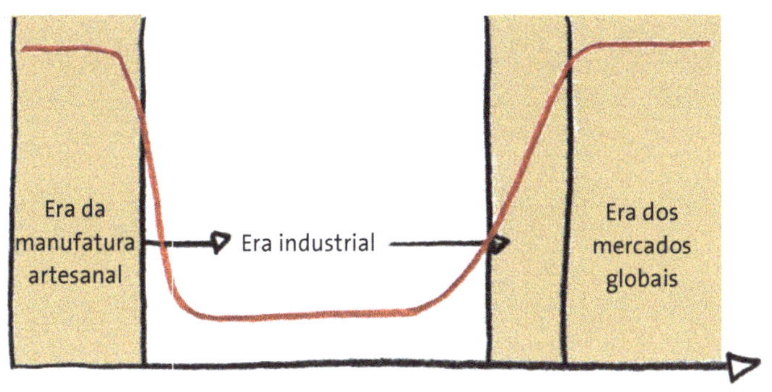

Complexidade: porque ela é importante para trabalho e organizações

(E muito!)

Gestão, a tecnologia social: ascensão e queda de uma ideia brilhante

Em 1911, Frederick W. Taylor publicou o livro "Princípios da Administração Científica". **Ele denominou seu novo estilo de ciência organizacional como nada menos que "revolução"** que eliminaria os obstáculos de produtividade das organizações da era industrial. O Taylorismo realmente conseguiu isso. Taylor tornou-se o fundador da administração com um método organizacional que daria asas à busca pela eficiência na era industrial.

A ideia pioneira de Taylor foi **a divisão da organização entre as pessoas que pensam (gerentes) e as que executam (trabalhadores),** legitimando a profissão de gestão como a de "princípios de pensamento das pessoas não pensantes. Taylor também introduziu a divisão funcional chamada "chão de fábrica". Seus conceitos logo foram considerados desumanos e não científicos, e seus métodos de consultoria ineficazes. Entretanto Taylor foi um visionário com o sonho de pacificar as relações entre trabalhadores e gerentes por meio de ganhos eficientes que poderiam beneficiar a todos.

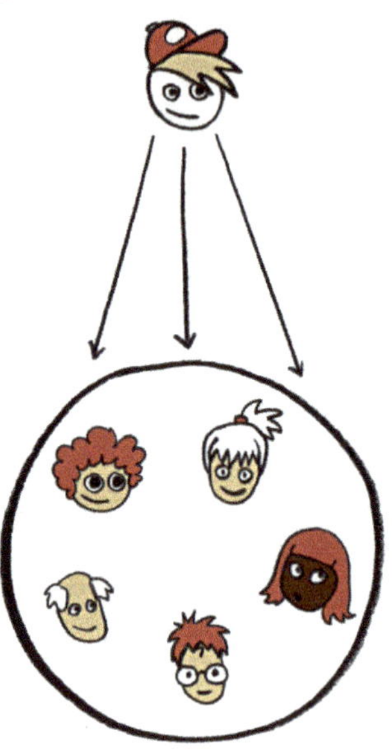

O princípio de divisão tornou-se o DNA da gestão, a tecnologia social. A divisão hierárquica/funcional foi amplamente adotada após a morte de Taylor em 1915 com grande eficácia, sendo aplicada, mais tarde, a organizações não industriais. A gestão, na forma como conhecemos hoje, não é muito diferente daquela proposta por Taylor no século passado. Como veremos, a mentalidade de comando-e-controle tornou-se tóxica tanto para o desempenho organizacional quanto para o avanço social e humano.

{ Chamamos o modelo taylorista de gestão de Alpha. }

O preço da simplicidade: As três lacunas sistêmicas causadas pela divisão taylorista

1. A lacuna social. A divisão hierárquica e o controle "top- down" desgastam o diálogo social entre grupos e cria o **viés de gerenciar através números e liderar através do medo.**

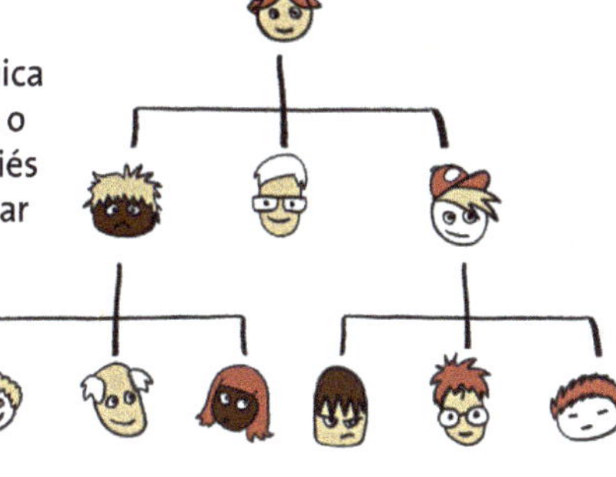

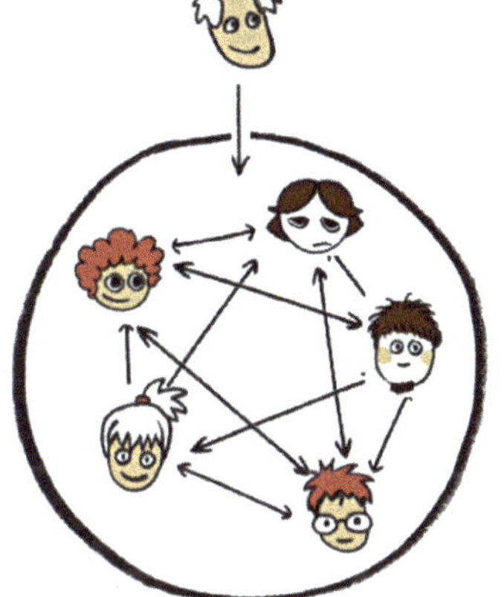

2. A lacuna funcional. A divisão funcional leva a responsabilidades limitadas e fragmentadas. Isso gera a necessidade de gerenciar/impor coordenação através de processos, controle, interfaces, planejamento, regras, padrões, poder hierárquico etc.

3. A lacuna do tempo. A divisão pessoal entre pensadores e fazedores, planejamento e execução, gera necessidade de funções impostas, estratégia, metas, previsão e planejamento.

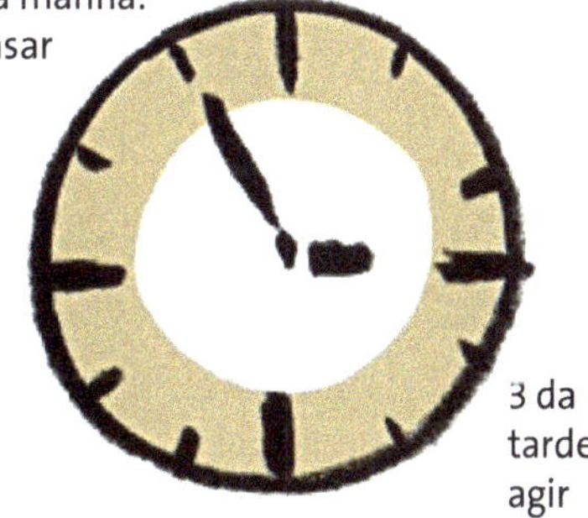

{ Nada disso é bom. Nada disso cria valor para as pessoas, clientes, ou proprietários. As três lacunas levam ao desperdício. Isso é o preço alto da ilusão de controle. }

O curso histórico das dinâmicas de mercado e a ascensão recente dos mercados globais complexos

Chamamos o gráfico à direita de "Banheira de Taylor".

A era industrial trouxe com ela um breve período de crescimento rápido, mercados de massa com competitividade relativamente baixa, monopólios e oligopólios predominantes e mercados lentos. Durante este período, a gestão Alpha era o padrão de modelo organizacional. Com ela, era possível, pela primeira vez na história da humanidade, eliminar amplamente, com o auxílio das máquinas e padrões, a complexidade vinda do criação. de valor Para isso, o Taylorismo, ou Alpha, era a solução perfeita.

Esses dias acabaram. **A criação do valor altamente dinâmica renasceu nos anos 70,** graças ao crescimento de mercado global altamente competitivo e ao retorno de demandas mais individualizadas que melhoraram a customização.

A criação de valor altamente dinâmica exige, em seguida, maior habilidade humana para resolução de problemas. A gestão Alpha tornou-se uma armadilha.

* Os termos dinâmico e complexo serão usados como sinônimos neste livro, na maioria das vezes, por questão de simplicidade.

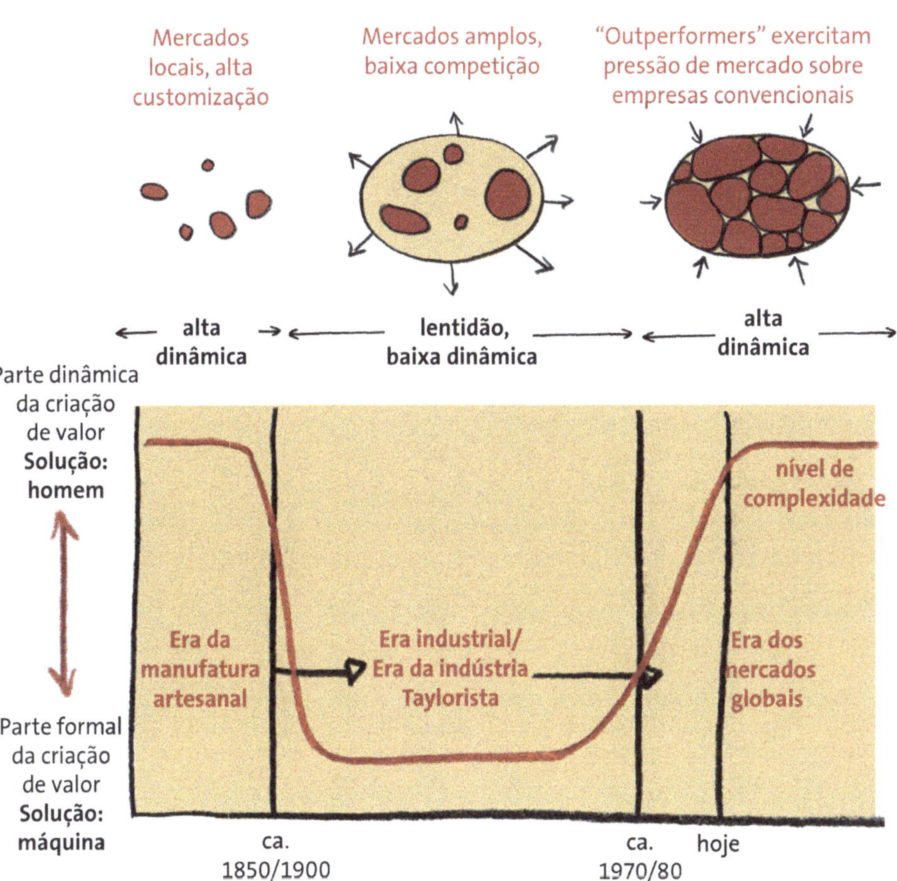

{ A predominância da dinâmica e da complexidade não é boa nem ruim. É um fato histórico. }

A diferença entre o complicado e o complexo

Sistemas complicados funcionam de forma padronizada. Neles, a imprecisão é menor, a falta de objetividade e a incerteza são reduzidas o máximo possível. Podem ser descritos através de relações de causa e efeito bem definidas. São extremamente controláveis.

Qualquer máquina de alta precisão é complicada: tudo é feito para evitar a imprecisão e aumentar a precisão. Um relógio, por exemplo, é calibrado para diminuir erros, incertezas e ilusões. Ele é configurado para fornecer informações objetivas, claras e mais o mais realista possível.

Sistemas complexos produzem surpresas. Neles existe a presença ou a participação organismos vivos. Eles são um sistema vivo: é por isso que eles podem mudar a qualquer momento. Tais sistemas são apenas observáveis do lado de fora; não são controláveis.

O comportamento de um sistema complexo não é previsível. Nele, é natural que ocorram níveis de erros, incertezas e ilusões maiores do que em sistemas complicados. Um sistema complexo pode ter elementos que operam de forma padronizada, mas sua interação estará mudando constantemente, de maneira descontínua.

{ Tratar organizações complexas como sistemas complicados é um erro básico de pensamento, ou uma simplificação exagerada. }

Consequências da complexidade: A importância da maestria para a solução de problemas, hoje

A única "coisa" capaz de lidar efetivamente com a complexidade é o ser humano.

O que importa na complexidade, bem como na resolução de problemas, não são ferramentas, padronizações, regras, estruturas ou processos - tudo isso era útil na era industrial e nos mercados lentos.

Na complexidade a questão não é como resolver um problema e sim quem poderá resolvê-lo. Portanto o que interessa agora são pessoas talentosas e maestria, pessoas com ideias. Elas são chamadas profissionais. Profissionais que têm pupilos são chamados de mestres.

A solução de problemas em ambientes sem vida está ligada à instrução. Solução de problemas em ambientes vivos está ligada à comunicação.

{ A complexidade não pode ser gerenciada, nem reduzida. Ela só pode ser confrontada com maestria humana. }

O paradoxo da melhoria: Na complexidade, trabalhar as partes não melhora o todo. Na verdade, prejudica o todo

Trabalhar em partes individuais do sistema não melhora o funcionamento do todo. Em um sistema, não é a parte que importa, e sim a interação entre elas.

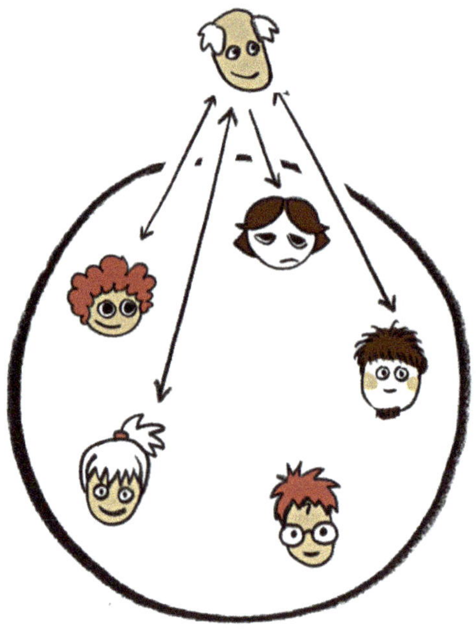

Pensando e agindo mecanicamente, aditivo

O que realmente melhora um sistema não é
trabalhar numa determinada parte, mas nas
interações entre elas. Chamamos essa atitude
de "liderança".

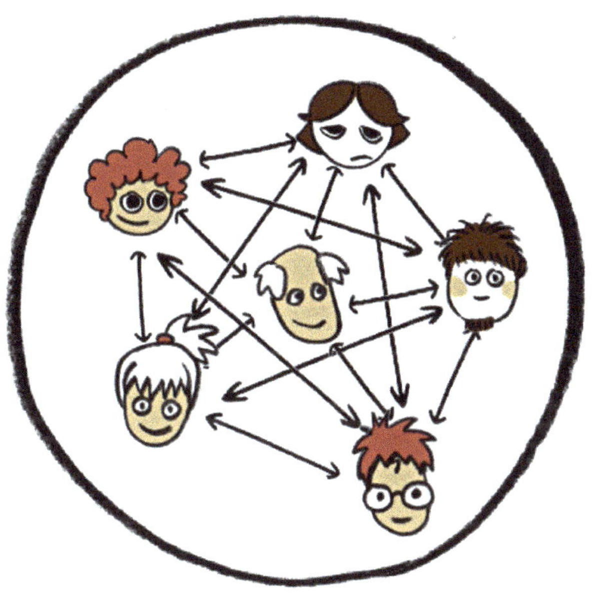

Pensando e agindo sistemicamente

Sintomas, ou problemas?
Nem tudo que parece
um problema é realmente um

Na maioria das vezes quando falamos de "problemas" dentro do trabalho ou organizações, na verdade não estamos discutindo problemas, mas sintomas. Eles são os efeitos visíveis e palpáveis de um problema como os defeitos, os erros, as panes, imprecisão ou resistência à mudança.

Uma simples ferramenta que ajuda a encontrar problemas e leva às raízes dos sintomas causados por ele é a "técnica dos cinco porquês" que se tornou conhecida através da Toyota. Ela evita a tentação de chegarmos rapidamente a conclusões e soluções logo que os sintomas são observados. Essa tentativa de encontrar soluções para sintomas isolados ou de fazer diagnósticos antes de entender problema é chamada ativismo.

Na complexidade, as proporções complexas dos problemas tendem a estar conectadas, gerando bagunças. Por isso, problemas individuais normalmente não podem ser resolvidos de maneira isolada. Da mesma forma que há inúmeras folhas de lírio sobre a superfície de um lago e apenas uma raiz no fundo dele, há, nas organizações, centenas de sintomas para um único problema. Agir sobre as bagunças com soluções complexas adequadas pode dissolver muitos problemas. Ferramentas não são apropriadas para lidar com bagunças.

{ O ativismo gera fracasso e impossibilita o aprendizado. }

Consequências da complexidade: a importância da maestria para a solução de problemas num contexto dinâmico

Em mercados estagnados, o sucesso é alcançado aplicando métodos Alpha e procedimentos comportamentais. Assim, em muitas organizações as pessoas sabem e dominam apenas este tipo de procedimento. Isso é como ter sido criado na Inglaterra e estar acostumado a dirigir na mão esquerda.

Tendemos a atribuir experiências bem sucedidas a nossa conduta comportamental da seguinte forma: "Eu consegui porque agi de tal e tal maneira". **De fato, nós conseguimos porque o comportamento se encaixava no contexto.**

No alto dinamismo, ter sucesso em alguma coisa exige outro tipo de procedimento, um que não só se encaixe ao contexto, mas também que raramente tenha sido praticado e aprendido em qualquer lugar. Isso poderá até ser ridicularizado: "Habilidades flexíveis são para quem não sabe de nada" ou "Isso é algo bom de saber, mas não é relevante." A falha é atribuída às mudanças no contexto, e não aos comportamentos. Portanto, as organizações tendem a lidar mal com os problemas por reflexo.

É como começar a dirigir na Inglaterra.

{ Devemos re-treinar os reflexos. }

Parte 2

A natureza humana no trabalho: O ingrediente secreto

(Como liberar e capturar o potencial humano)

O ser humano no trabalho: a perspicaz distinção de Douglas McGregor

Pergunte-se: qual dessas teorias me descreve, e qual descreve as pessoas ao meu redor?

	Teoria X		Teoria Y
Atitude	Pessoas não gostam de trabalhar, acham o trabalho chato e o evitarão se possível		Pessoas precisam trabalhar e querem se interessar pelo trabalho. Nas condições certas, podem desfrutar do trabalho
Direção	Devem ser forçadas a trabalhar ou subornadas para se esforçar		Se auto-direcionam frente a um objetivo que aceitam
Responsabilidade	Preferem ser direcionadas a aceitar responsabilidade (que normalmente é evitada)		Vão procurar e aceitar responsabilidades, nas condições corretas
Motivação	São motivadas principalmente pelo dinheiro e temem perder o emprego		Sob as condições corretas, são motivadas pelo desejo de realizar o próprio potencial
Criatividade	Não são criativas - exceto quando é para contornar as regras de gestão		Criatividade e esperteza estão presentes em todos, mas raramente são bem aproveitadas

Adaptado de Douglas McGregor, O Lado humano da Empresa, 1960

A natureza humana no trabalho: Um problema de percepção

Ao nos perguntarmos qual teoria da natureza humana – X ou Y – nos descreve, todos imediatamente respondemos: "Eu sou uma pessoa do tipo Teoria Y!" Quando nos perguntamos sobre as outras pessoas, a resposta, no entanto, não é tão clara. Quantas vezes já não encontramos pessoas do tipo X em nossas vidas? No trabalho? Nas organizações?

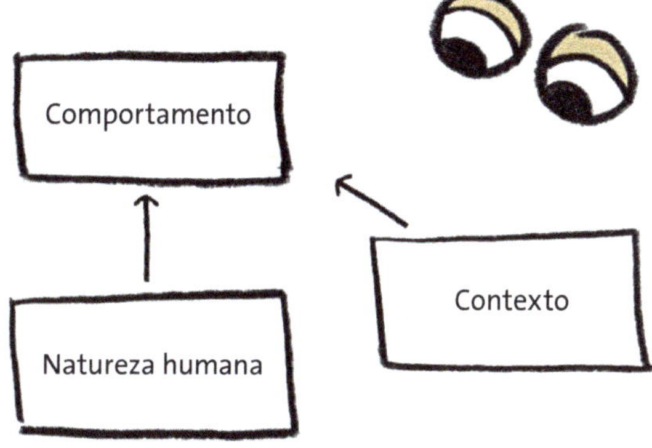

Douglas McGregor, em seu influente trabalho de 1960, distinguiu duas imagens da natureza humana, onde somente uma é "verdadeira", no sentido de que ela pode ser comprovada pelas pesquisas e teorias disponíveis. **A outra, a Teoria X, nada mais é do que um preconceito sobre outras pessoas.** Existem duas razões que mostram que essa teoria, além de ser uma superstição, é um lugar comum. A primeira é que ela reflete um pensamento comum de épocas pré-democráticas e pré-iluministas. A segunda é que enquanto observamos o comportamento das pessoas, tendemos a tirar conclusões sobre elas – geralmente ignorando o contexto que formou esse comportamento.

Isso é importante porque os conceitos que temos sobre os outros formam o nosso comportamento e a maneira como projetamos e administramos nossas organizações: acreditar na existência de pessoas da Teoria X, leva a sistemas de comando-e-controle. Para construir organizações capazes de lidar com a complexidade, é necessário ter uma visão sobre o ser humano mais diferenciada, compartilhada e esclarecida.

> { Não podemos agir nos sistemas, na liderança, no desempenho ou na mudança, se não concordarmos de antemão nas premissas que temos sobre a natureza humana. }

A natureza da motivação – por que os gerentes não podem motivar

Pessoas são guiadas por motivações. Podemos dizer então que todos têm todos os tipos de motivações, em um certo grau. Todas as pessoas, portanto, são "portadoras de motivações", ou "intrinsecamente motivadas". Os níveis específicos e a dominância delas, entretanto, variam consideravelmente para cada um.

Isso significa para organizações, ou empregados, que ninguém pode ser motivado, porque a motivação já existe. A principal coisa que as organizações podem fazer para estimular o desempenho é facilitar as opções para conectar as pessoas dentro da organização através de proposta e trabalho significativo. **Chamamos de fenômeno a situação onde um indivíduo se conecta voluntariamente ao trabalho e à organização.**

Infelizmente, a crença no mito do poder de motivação dos líderes é ainda muito difundida. A verdade é que como a motivação é de natureza intrínseca, os líderes só podem desmotivar, ou no melhor dos casos criar um ambiente no qual a motivação pode se manifestar.

{ Tentativas de motivação só podem levar à desmotivação. }

A maioria das ferramentas de gestão e práticas organizacionais são ineficazes ou prejudiciais

O guru de gestão Peter Drucker certa vez escreveu que 90% das práticas que chamamos de "gestão" fazem mais nada do que impedir que as pessoas realizem seu trabalho.

Podemos questionar essa porcentagem exata, mas, no geral, Drucker estava certo em sua conclusão. Entretanto a pergunta continua: o que são esses 90%?

A distinção de McGregor é muito útil para respondermos essa pergunta: todas as práticas baseadas em premissas da Teoria X e projetadas para pessoas do "tipo X" são ineficazes e até perigosas. Aqui vão alguns exemplos.

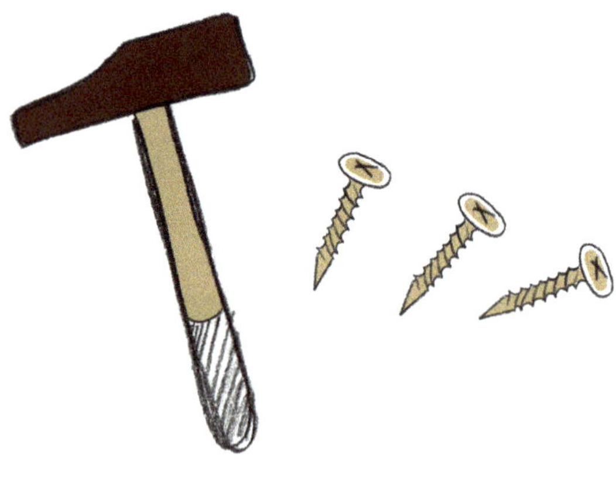

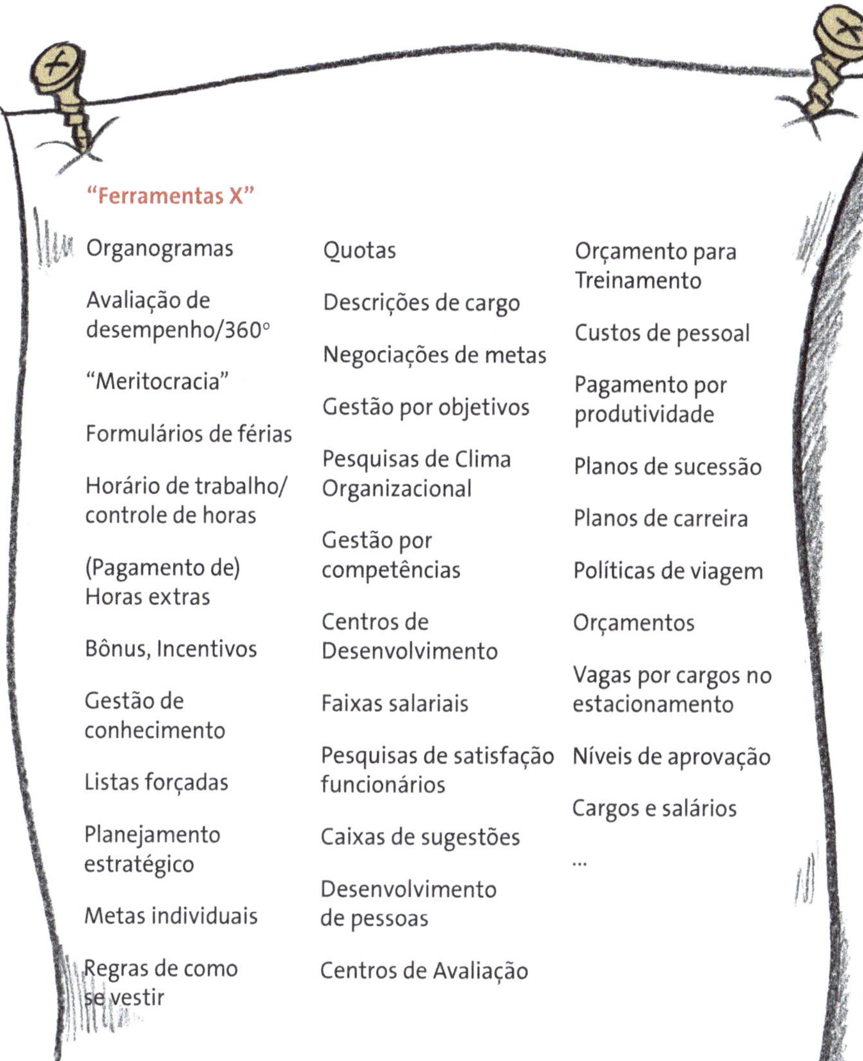

"Ferramentas X"

Organogramas

Avaliação de desempenho/360°

"Meritocracia"

Formulários de férias

Horário de trabalho/ controle de horas

(Pagamento de) Horas extras

Bônus, Incentivos

Gestão de conhecimento

Listas forçadas

Planejamento estratégico

Metas individuais

Regras de como se vestir

Quotas

Descrições de cargo

Negociações de metas

Gestão por objetivos

Pesquisas de Clima Organizacional

Gestão por competências

Centros de Desenvolvimento

Faixas salariais

Pesquisas de satisfação funcionários

Caixas de sugestões

Desenvolvimento de pessoas

Centros de Avaliação

Orçamento para Treinamento

Custos de pessoal

Pagamento por produtividade

Planos de sucessão

Planos de carreira

Políticas de viagem

Orçamentos

Vagas por cargos no estacionamento

Níveis de aprovação

Cargos e salários

...

{ Para testar ferramentas e práticas basta fazer a seguinte pergunta: elas estão fundamentadas na Teoria X ou na Teoria Y? }

Valorizando diferenças comportamentais: pessoas e preferências

Um comportamento individual é também fortemente influenciado pelas preferências. O conceito de "preferências" foi introduzido pelo suíço Carl G. Jung em seu trabalho pioneiro "Tipos Psicológicos".

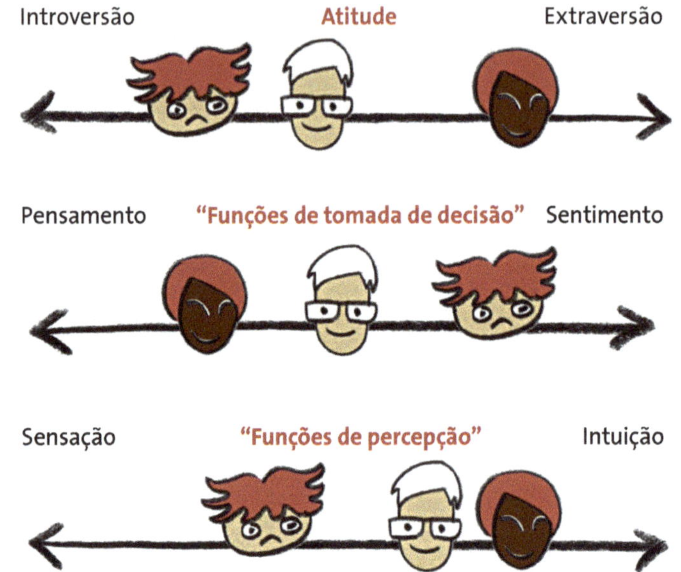

Atitude. Jung primeiramente diferenciava os tipos de acordo com sua atitude geral: as atitudes descrevem a maneira de as pessoas reagirem a experiências mais externas ou internas.

"Funções de tomada de decisão". Pessoas mentais preferem tomar decisões através da racionalidade, usando a "função pensamento". Pessoas sentimentais preferem avaliar e tomar decisões de forma subjetiva usando a "função sentimento".

"Funções de percepção". Percebemos o mundo usando as "sensações" para gravar detalhes sensoriais e a "intuição" para fazer interpretações num cenário mais amplo.

Fazendo uso das diferenças de preferências para lidar com a complexidade

Existe uma grande variedade de comportamentos dentro das três categorias de preferência, dependendo de onde o comportamento da pessoa se encontra dentro de cada uma das três escalas bipolares. A maioria das pessoas não será extrema, demonstrando equilíbrio – sendo mais difícil ser interpretada.

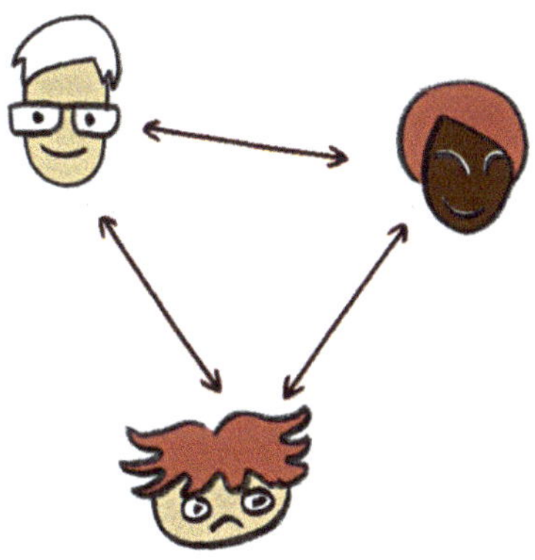

Toda pessoa tem a capacidade de usar ambos os polos da escala, apesar de ter preferência por um dos lados na maioria das vezes.

Quando pessoas com preferências diferentes trabalham juntas, elas podem complementar uma a outra.

{ Na complexidade, diferentes motivações e preferências podem ser um ganho ou um prejuízo, dependendo do nível de autorreflexão. }

A complexidade da individualidade humana: um panorama

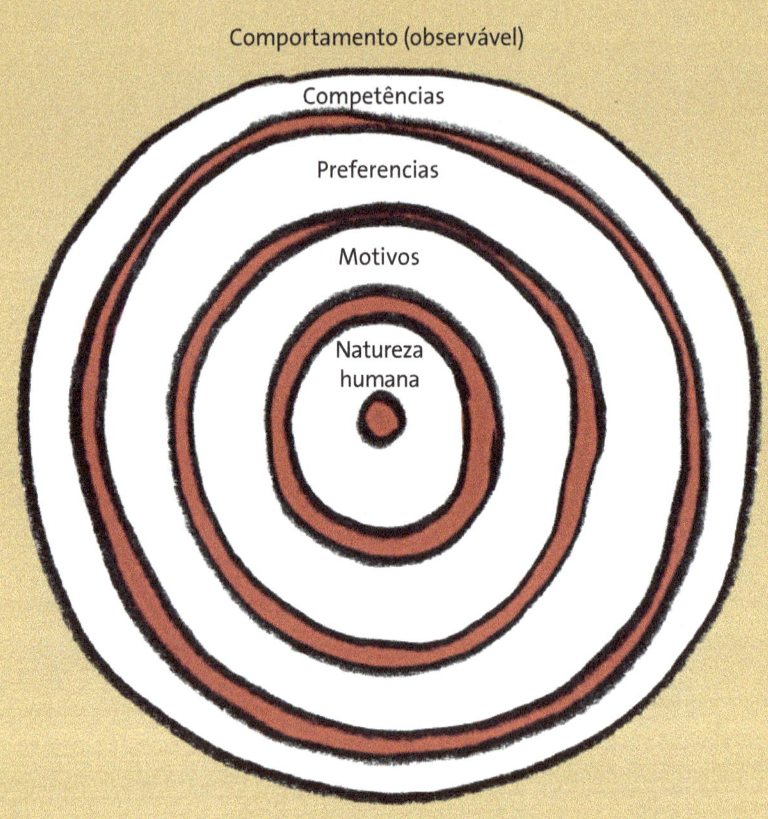

Um comportamento individual **é formado por motivações, preferências e competências.** Motivações como características pessoais são consideravelmente estáveis ao longo do tempo – elas mostram a importância das metas para o indivíduo. Preferências, por outro lado, podem evoluir parcialmente durante o curso da vida – dependendo do ambiente, dos desafios e das metas pessoais.

Motivações e preferências, combinadas, influenciam o interesse em adquirir certas competências: existem as habilidades já adquiridas e as que podem ser aprendidas. Competências estão ligadas ao **aprendizado**.

Como vimos, apenas o comportamento é pronta e facilmente observável. É razoavelmente simples descrever as competências de um indivíduo. E com ainda menos esforço, é possível descrever suas preferências. Porém, identificar as motivações de uma pessoa requer mais esforço e sensibilidade. A natureza humana não pode, de modo algum, ser observada: ela é uma questão de convicção, ou parte das nossas teorias sociais.

{ Observar comportamentos nos induz a (mal) julgar as competências, motivações e naturezas alheias. Uma organização que lida com a complexidade exige um mais alto nível de reflexão sobre nós mesmos e sobre os demais. }

Competência individual vs. competência coletiva

"Aprendemos que o conhecimento individual não fez as pessoas se destacarem como grandes realizadoras. O que as tornou grande realizadoras foram suas amplas redes pessoais bem diversificadas".

"Engenheiros têm uma propensão cinco vezes maior a buscar informação numa outra pessoa do que numa fonte impessoal como a base de dados."

Cross, Rob et. al.: The Hidden Power of Social Networks.
Boston: Harvard Business School Press, 2004

Muitos são obcecados por resultados pessoais. Mas o desempenho individual é apenas um mito

O desempenho individual não está só superestimado. Nas organizações, ele simplesmente não existe.

Por quê? Porque valor, ou resultados, nunca vêm de uma ação individual, mas de uma interação **entre vários indivíduos, ou equipes.**
A pessoa de vendas só cuida da parte da interação imediata com o cliente – as outras partes da venda estão sendo feitas por pessoas do setor administrativo, pela equipe de produção e suprimentos, por contadores e profissionais de RH.

Isso significa que competências e habilidades individuais são relativamente menos importantes para a organização. Habilidades e competências coletivas aplicadas, entretanto, contam mais.

Isso porque a interdependência é onipresente nas organizações. Tentar definir metas individuais ou medir desempenho individual leva à decepção.

As pessoas se comunicam e se conectam de formas bem diferentes: Sobre arquétipos de comunicadores

Difusores
buscam e difundem informações

Guardiões
administram o fluxo de informação

Olheiros
bons observadores de pessoas

Karen Stephenson, Quantum Theory of Trust.
Harlow: Pearson Education Ltd, 2005

Conectores
preferem trocar informações com muitas pessoas

Experts
lidam com informações/ especialistas que necessitam compartilhar

Vendedores
mestres em convencer e negociar

Malcolm Gladwell, The Tipping Point.
Boston: Back Bay Books, 2002

{ Não importa qual desses conceitos é "verdadeiro" ou
"melhor". Eles são importantes para entender os padrões
sociais e as várias maneiras de agir. Faça uso deles, ou
ignore-os por sua conta e risco. }

O enigma do aprendizado: Dados e informação não fazem pessoas espertas

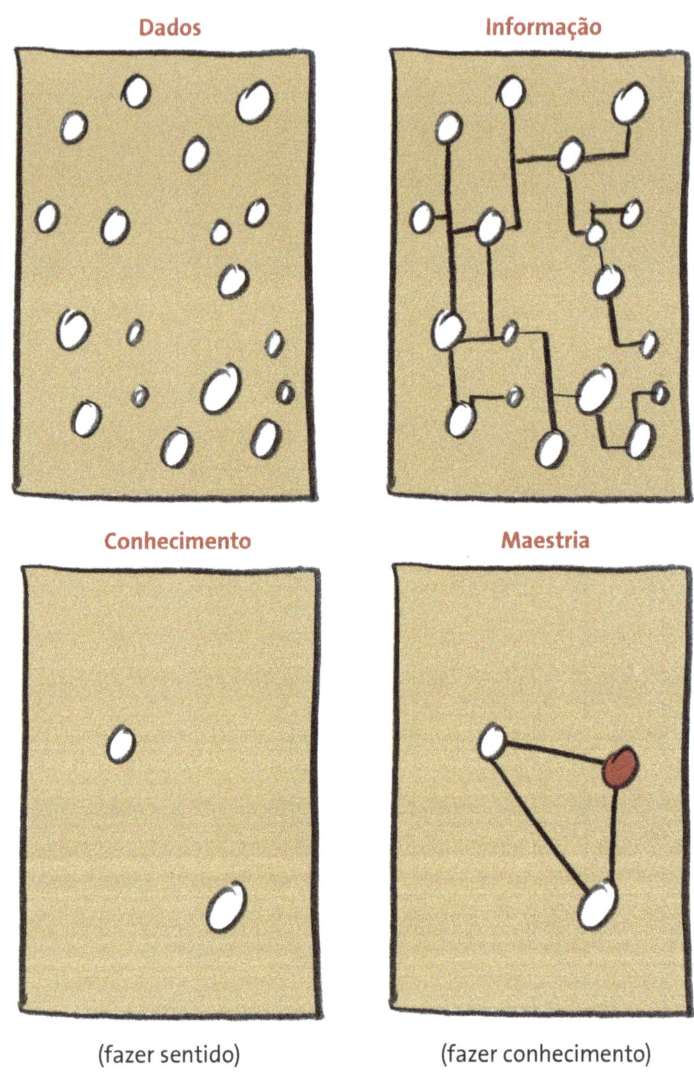

Através de contextualização, dados podem ser transformados em informação. Tanto um quanto o outro são mortos: podem ser armazenados e não dependem do ser humano.

Conhecimento é diferente: requer assimilação humana, ou aprendizado. Estudo e experiência facilitam o aprendizado. O conhecimento pode ser aplicado para entender problemas pelos especialistas, ou "habilidosos".

Maestria é a capacidade humana de resolver problemas. Só pode ser desenvolvida através da prática, por aquilo que chamamos de "prática disciplinada".

{ Modismos como Business Analytics, Gestão do Conhecimento e Big Data nunca capacitarão as organizações para lidar com a complexidade. }

Parte 3

Equipes auto-organizadas e organização em forma de rede

(Dos princípios antigos de desenho aos novos, e melhores)

Formando equipes:
o fenômeno da segmentação

"**A Ideia de 'segmentação'**: um grupo de itens é percebido como um único "bloco". O limite do bloco é semelhante à membrana de uma célula ou a uma fronteira entre países. Ele estabelece uma identidade distinta dentro dela. Dependendo do contexto, essa estrutura interna pode, ou não, ser levada em conta."

Hofstädter/Douglas, Gödel, Escher, Bach.
New York: Basic Books, 1979

{ Chamamos o bloco individual de célula, e o seu limite de membrana celular. }

{ Chamamos o conjunto de células (o sistema) de rede estruturada em células. }

{ Chamamos o limite do sistema, ou a membrana, de Esfera de Atividade. }

Organizando o trabalho: formas comuns de segmentação – e quais as diferenças entre elas

Princípio de desenho *Beta* – segue o trabalho:
As equipes são trans-funcionais ou integradas funcionalmente. "Pessoas diferentes trabalham de maneira interconectada – comprometidas a trabalhar juntas para alcançar um objetivo comum".

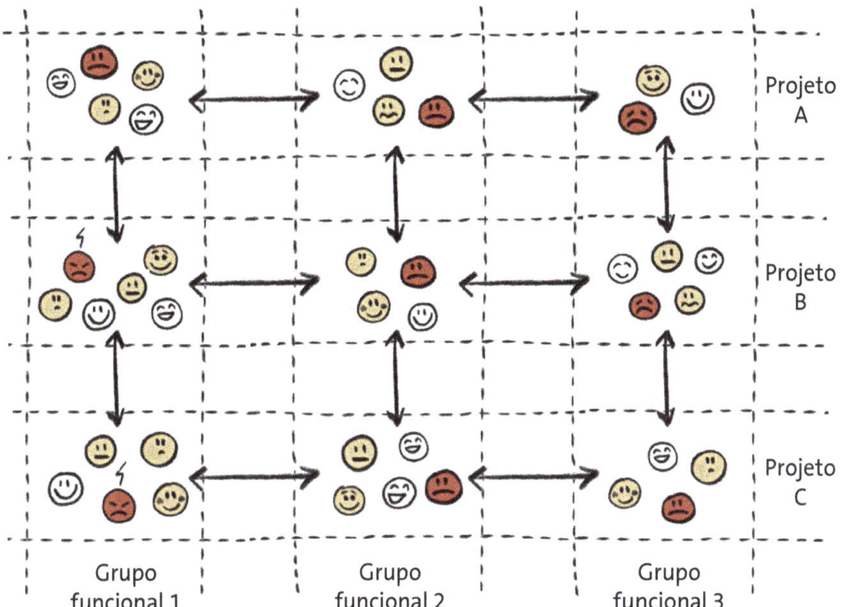

Princípio de estrutura *Alpha* – segue funções:
Os grupos têm apenas uma função, ou são divididos por função. "Pessoas semelhantes trabalham perto umas das outras, paralelamente", consequentemente competindo umas com as outras.

{ "Equipe" e "Grupo" são conceitos completamente diferentes. }

O modelo top-down de comando-econtrole versus a auto-organização

Principio de desenho *Alpha*:

Controle através de chefes. Informação sobe e comandos descem. Tomada de decisões top-down. Regras para o alinhamento, homogenização e compliance

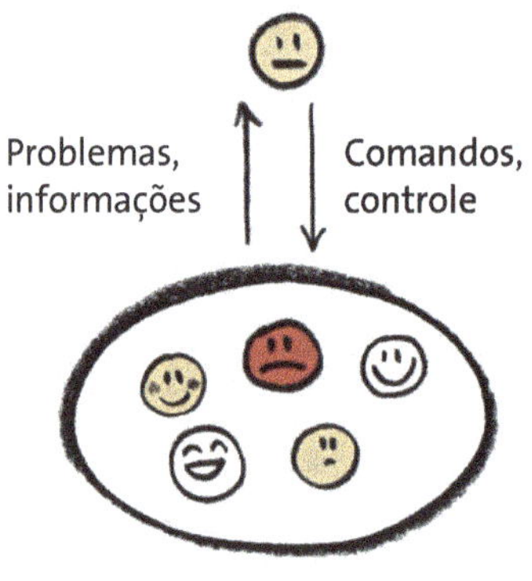

Limites: regras, responsabilidades, descrições de cargo

Principio de desenho *Beta*:

Autorregulação dentro da equipe. Controle através da pressão entre os pares e da transparência. Princípios e responsabilidade compartilhada.

Transparência radical, densidade social, pressão de grupo

Limites: valores, princípios, papéis, metas externas compartilhadas

{ Auto-organização não é o termo "correto". Mais apropriado seria dizer: Organização de mercado socialmente densa. }

Fazendo uso da pressão social

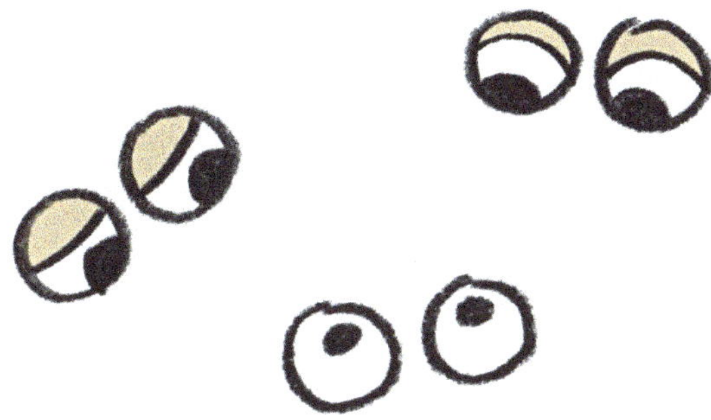

**É assim como "pressão social", ou "pressão entre pares"
é produzida:**

1. Deixe as pessoas se identificarem com um pequeno grupo.

2. Dê a elas responsabilidades compartilhadas por metas em comum.

3. Torne todas as informações abertas e transparentes para as equipes.

4. Faça que as informações de desempenho sejam comparáveis
entre as equipes.

{ A pressão entre os pares usada corretamente: muito mais
poderosa que a hierarquia; sem efeitos colaterais. }

Auto-organização precisa ser baseada em equipes

De uma forma geral, preparar uma organização para lidar com a complexidade e capacitá-la para auto-organização é uma questão de fortalecer equipes...

... e não de fortalecer pessoas, individualmente.

{ O movimento de "empowerment" dos anos 90 falhou também devido a esse ponto. }

Um paradoxo: abrir mão do poder e descentralizar a tomada de decisão aumenta o status

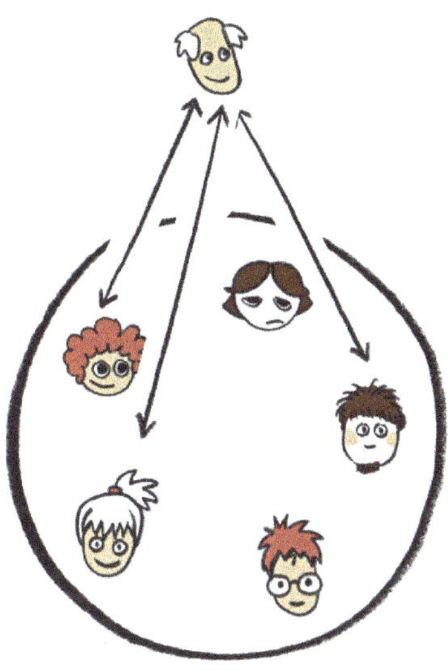

Desempenho baixo, ou mediano

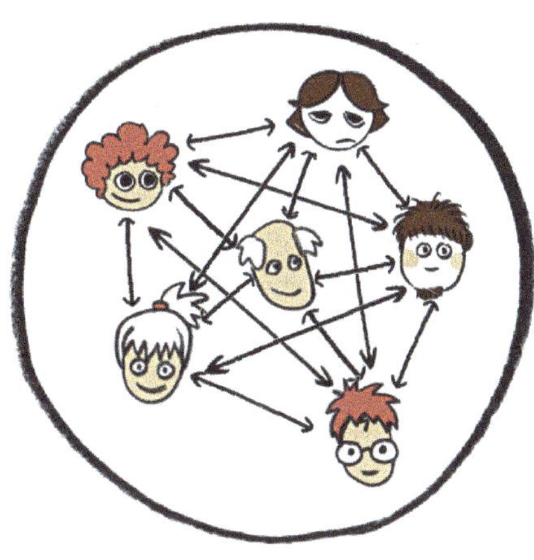

Desempenho alto, ou superior

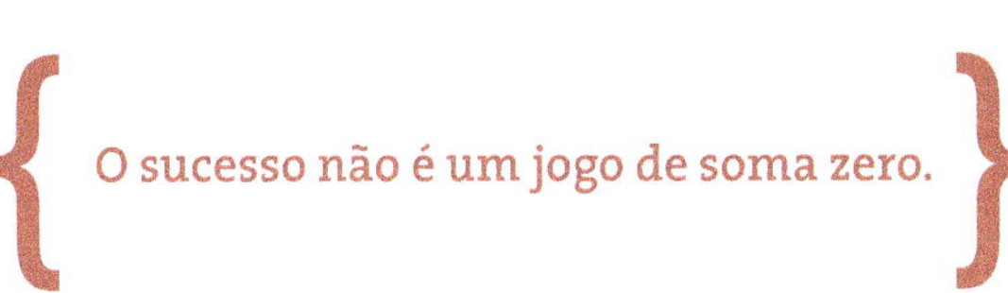

Comunicação entre equipes

Principio de desenho *Alpha*:

Coordenação/comunicação através de um gerente, normalmente combinada por divisão de funções; Taylorismo. Suficiente para mercados lentos, espaçosos.

Principio de desenho *Beta*:

Coordenação/comunicação não é feita através de um gerente, mas lateralmente, normalmente combinada com mecanismos semelhantes ao do mercado. Melhor e mais eficaz em mercados dinâmicos.

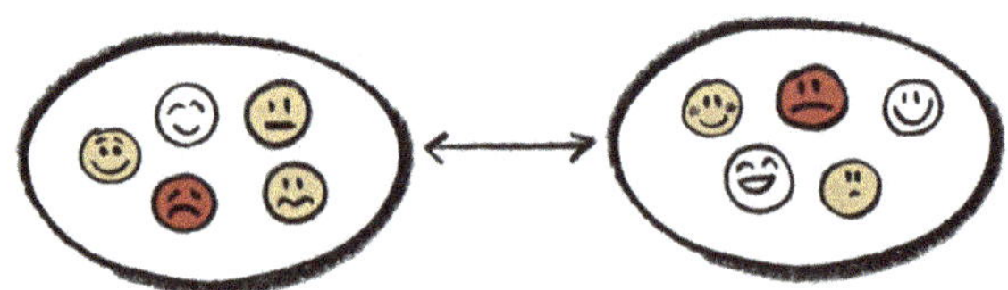

{ A coordenação centralizada é um luxo que organizações em mercados complexos não podem se dar. }

A diferença entre um "departamento" e uma "célula"

Principio de desenho *Alpha*: Departamentos implicam diferenciação funcional e agrupamento de especialistas por função – profissionais de marketing no departamento de marketing, vendedores no departamento de vendas etc... Tudo é coordenado horizontalmente. Os processos do negócio passam por departamentos diferentes. Resultado: as pessoas trabalham paralelamente, não como equipe.

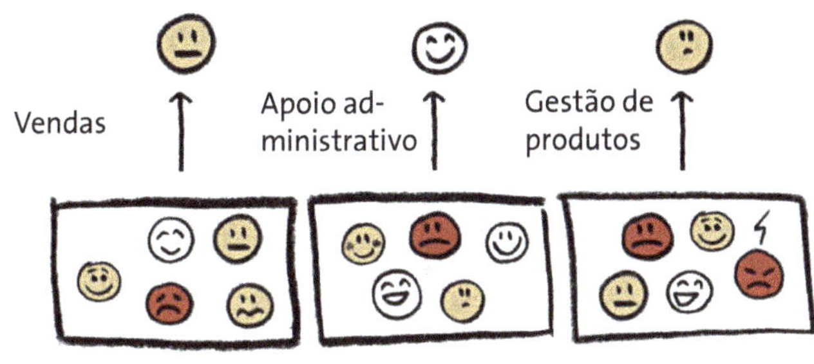

Principio de desenho *Beta*: Células implicam integração de funções, ou equipes multifuncionais – mesmas funções podem ser encontradas em outras equipes. Coordenação ocorre lateralmente – entre os colegas. Comunicação entre equipes é feita olho no olho. Processos do negócio ocorrem principalmente dentro das equipes. Resultado: equipes de fato onde pessoas trabalham umas para as outras e umas com as outras.

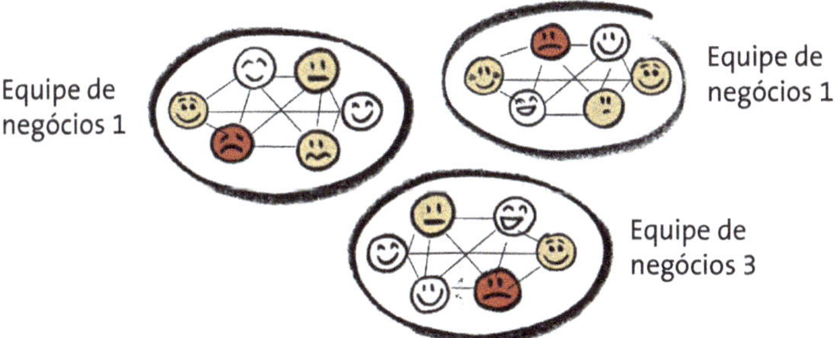

{ **Mercados complexos exigem descentralização combinada com coordenação semelhante àquela do mercado.** }

Parte 4

Organizações como sistemas: desenhar para a complexidade

(Como qualquer organização pode tornar-se apta para o mundo dinâmico)

A mentalidade predominante como um problema: Perceber organizações como pirâmides é a metáfora errada

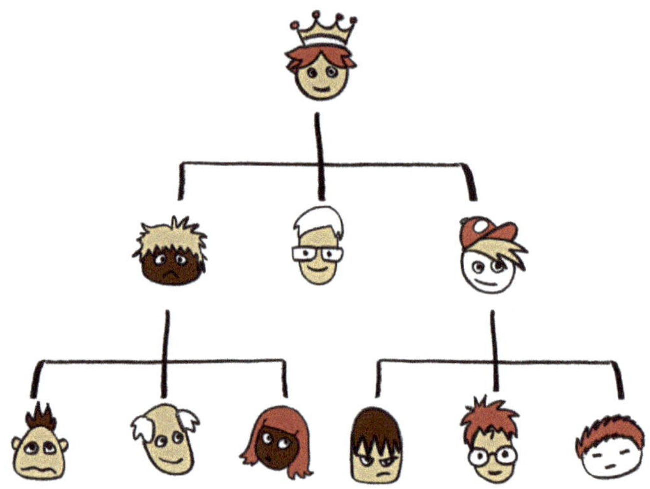

Principio de desenho *Alpha*: A organização como hierarquia burocrática, dirigida por gerentes que estão sempre no controle. Eles comandam/controlam de cima uma pirâmide de "seguidores". Essa não é uma forma interessante de organizar uma empresa.

O problema está com as caixas e a ligação entre elas. A maioria de nós sentimos isso intuitivamente: nossa experiência nos diz que esse tipo de "liderança" não pode funcionar, realmente.

Entretanto, essa é a mentalidade predominante nas empresas desde o desenvolvimento da teoria da gestão, um século atrás. Quando falamos de "gestão", normalmente estamos nos referindo a técnicas, ferramentas e modelos que visam melhorar, otimizar ou corrigir as organizações que funcionam na forma da pirâmide de comando-e-controle.

Uma metáfora melhor: Organizações como redes de várias camadas

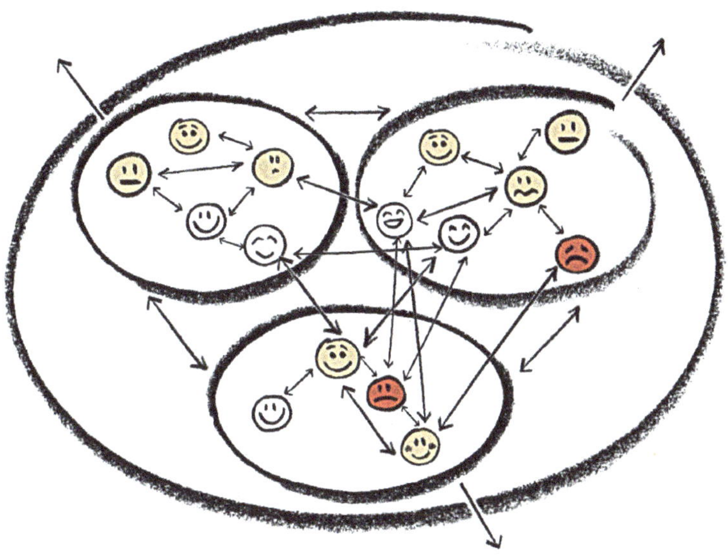

Principio de desenho *Beta*: A organização é como uma rede viva interconectada, guiada pelas forças do mercado. Ninguém está no controle. Todos têm responsabilidade.

Uma maneira mais esperta e útil de ver as organizações é como se elas fossem redes. Isso não só está mais ligado à ciência do que o dogma mecanicista da pirâmide, mas também está muito mais perto da realidade, em várias sentidos. As organizações são:

- redes de pessoas (através da Estrutura Informal); e
- redes de equipes criadoras de valor (através da Estrutura de Criação de Valor).

Vamos entender esses conceitos mais detalhadamente.

{ Sua organização já está conectada em rede.
Só não permitem que ela opere oficialmente como uma. }

O trabalho é conectado em rede: Estrutura Informal, baseada em relacionamentos sociais

Estruturas Informais surgem da interação humana em qualquer grupo social. Especialmente em crises, as redes não-oficiais prevalecem. O atalho informal, então, mostra sua superioridade quando comparado a processos oficiais prescritos que são, na verdade, uma besteira.

As Estruturas Informais em si não são boas nem ruins, elas simplesmente existem. Os maiores fenômenos sociais vêm da Estrutura Informal: fofoca, networking, socialização, política, pensamento em grupo, conspirações, facções, alianças e clãs, resistência à mudança, pressão entre os pares, solidariedade, bullying.
Escolha qual quiser.

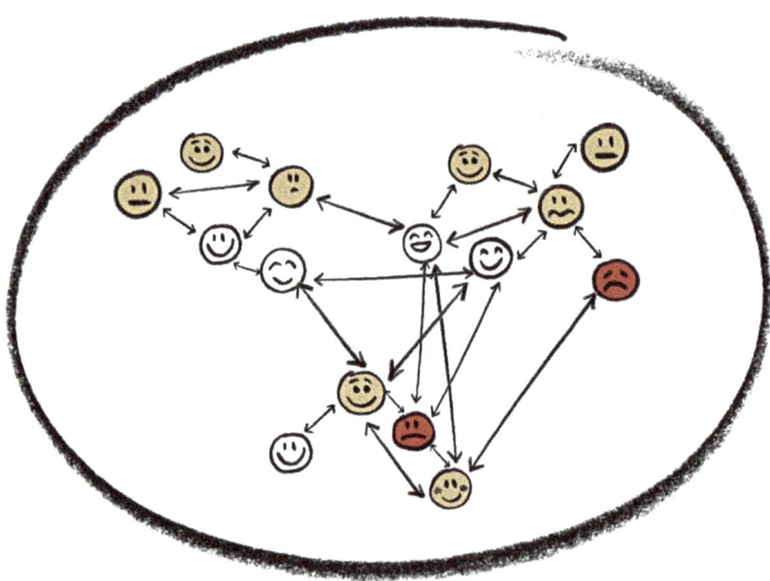

{ Estruturas informais são poderosas
e toda organização as têm. }

A chave para sobrevivência: Estrutura de Criação de Valor, baseada em interação de equipes

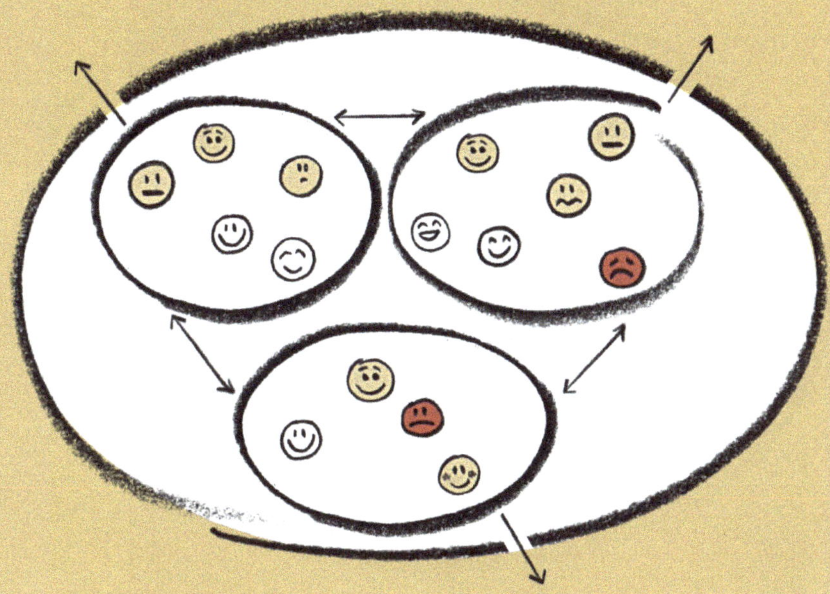

A criação de valor nunca é resultado de uma ação individual, mas de uma interação: Ela é um processo que ocorre em equipes onde as pessoas trabalham uma com a outra e uma para outra. Qualquer organização, mesmo a mais ineficaz e burocrática, tem uma estrutura de criação de valor, embora ela possa estar escondida ou ser pouco notada. Até mesmo pode estar faltando a linguagem para descrevê-la.

{ Numa organização gerenciada hierarquicamente, a estrutura de criação de valor fica imobilizada, como um músculo paralisado por uma injeção de anestesia. }

O trabalho duplamente em rede: Juntando estruturas informais e de criação de valor.

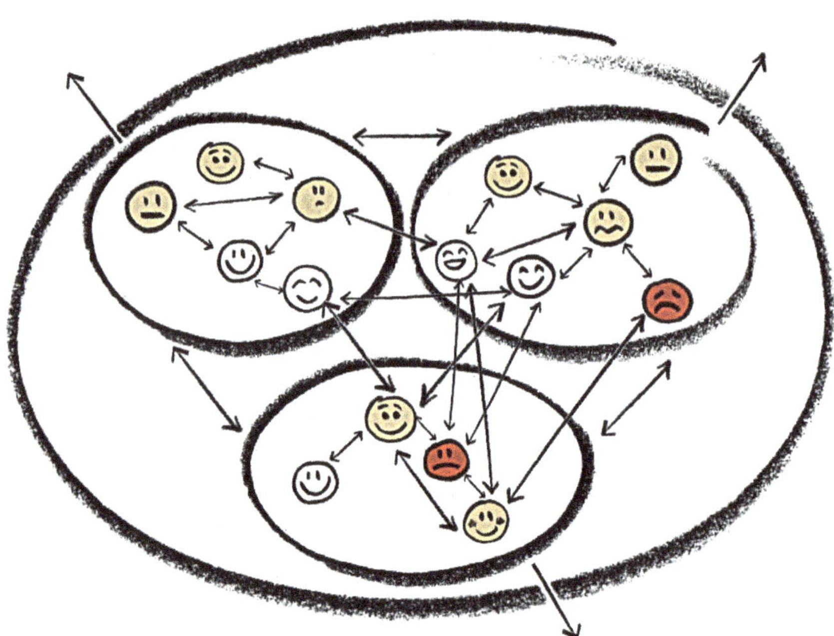

Entendendo as organizações como redes de criação de valor, sustentadas por estruturas informais, e não como pirâmides de comando-e-controle, você irá parar de se preocupar com a hierarquia formal (que na verdade é "trivial", do ponto de vista do pensamento complexo e que serve apenas para conformidade externa).

Em vez disso, você dará mais importância a fluxos de criação de valor, apoio de pressão entre os pares e padrões emergentes nas redes de comunicação. A força da organização, aqui, vem da qualidade e da quantidade das interconexões entre pessoas e equipes – não de regras, chefes e padronizações.

{ As estruturas Informal e de Criação de Valor são os bastidores de qualquer organização. }

Mas para realmente entender a criação de valor, é preciso distinguir entre centro e periferia

Por meio da distinção entre centro e periferia, podemos observar problemas causadas pela alta dinâmica que permanecem invisíveis (e consequentemente insolúveis) usando distinções conhecidas como as entre estruturas funcionais e divisionais, entre estruturas em linha e processuais, entre o estratégico e o operacional.

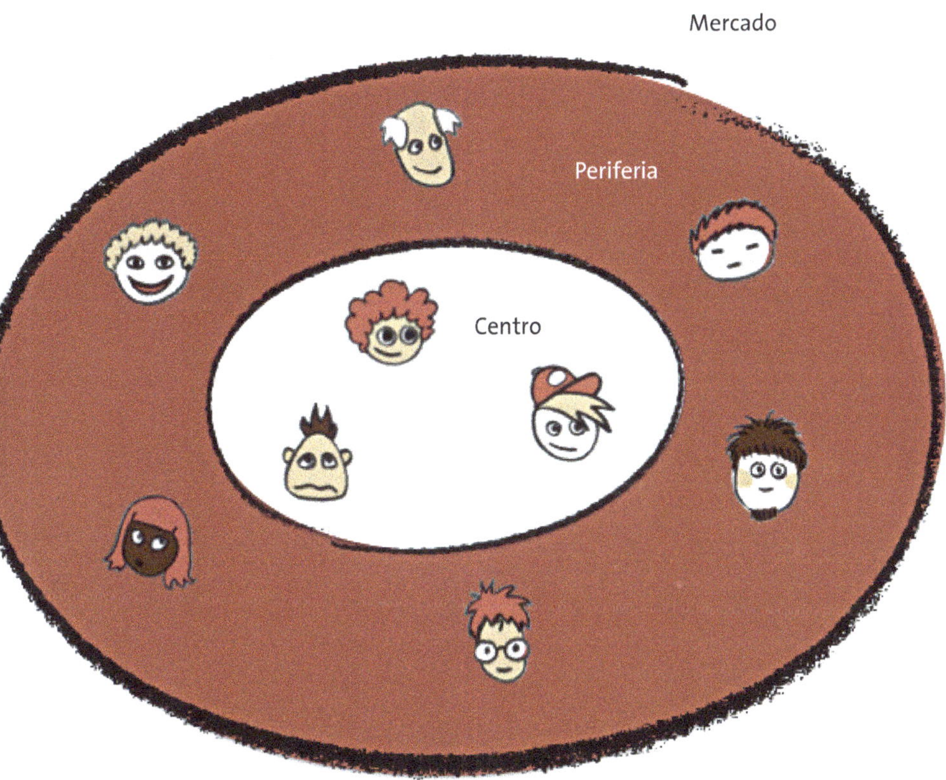

A periferia: a porção externa da organização

Chamamos de periferia todos os papeis que lidam com requisições do mercado externo, de uma maneira criadora de valor.

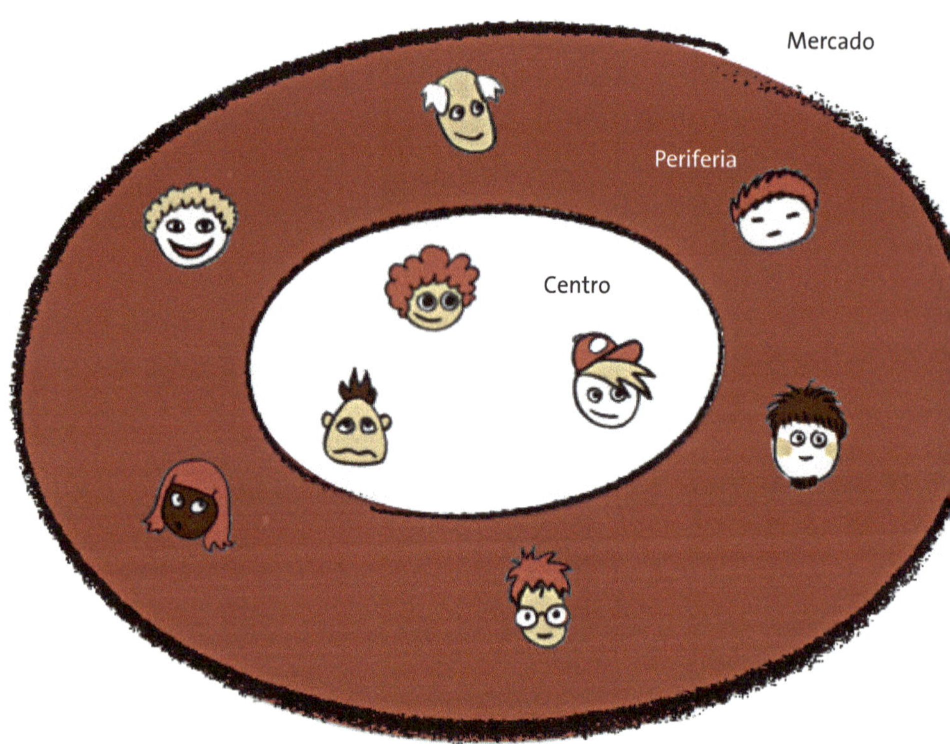

O centro: Sem contato direto com o mercado

A periferia isola o centro do mercado. Mas cuidado: o corpo de diretores ou a sede de uma empresa não são o mesmo que o centro. Trabalhadores de fábrica, empregados de filiais ou escritórios não se igualam a periferia. A distinção aqui é sobre papéis ou atividades – não sobre pessoas individuais, lugares ou localizações.

A inovação é sempre executada pelo centro. Isso porque a inovação não é (ainda) criação de valor imediata para clientes. Dessa forma, aqueles que lidam com a inovação na organização sempre desempenham um papel de centro. Eles colocam um "chapéu" de centro, vamos dizer.

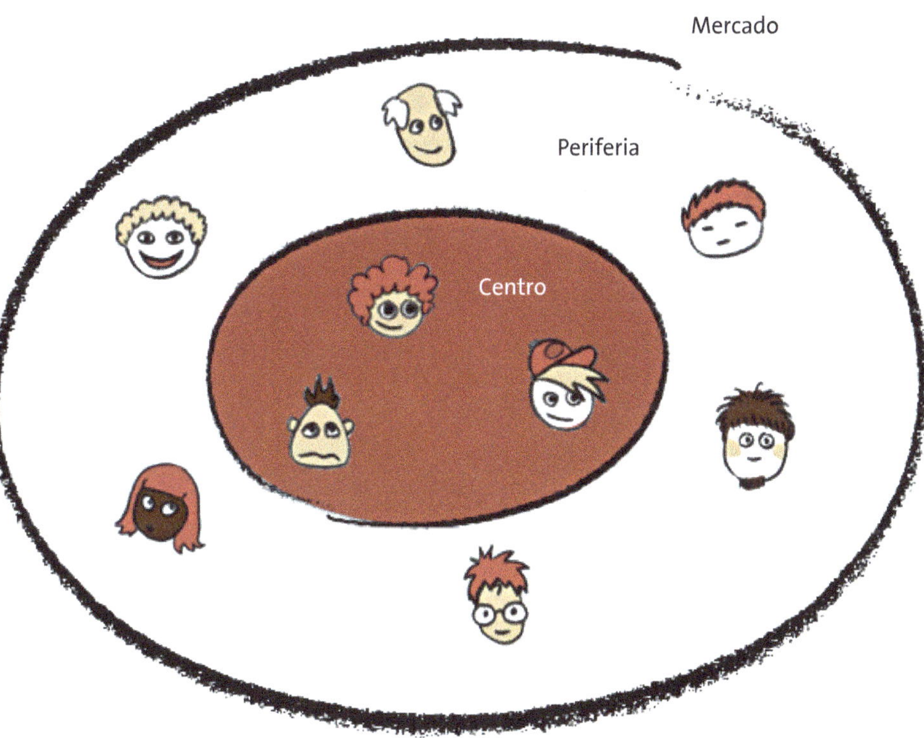

Tomada de decisão e direcionamento centralizado (comando-e-controle), de um ponto de vista sistêmico

Principio de desenho *Alpha*: tomada de decisões centralizada, direcionamento interno, comando-e-controle.

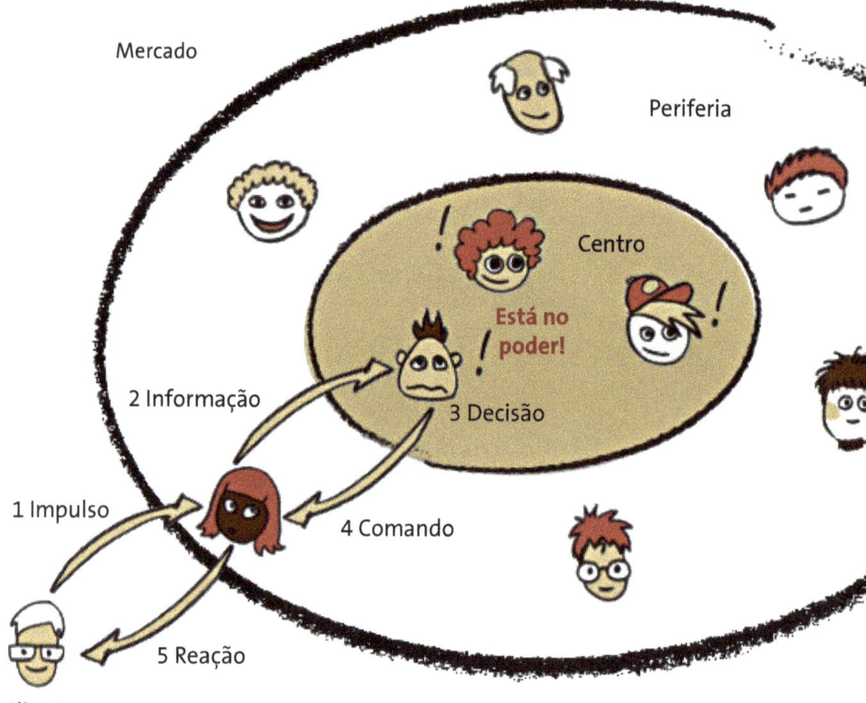

Em mercados lentos e espaçosos, tomar decisões de forma centralizada é eficaz, como mostramos aqui. O centro resolve problemas e dá ordens – a periferia executa. O controle centralizado é possível e as padronizações funcionam. Em mercados dinâmicos, por outro lado, o centro perde sua superioridade de conhecimento: o controle centralizado e qualquer sistema baseado em decisão centralizada entra em colapso. Sistemas assim emburrecem.

Resolvendo o dilema da complexidade através da descentralização

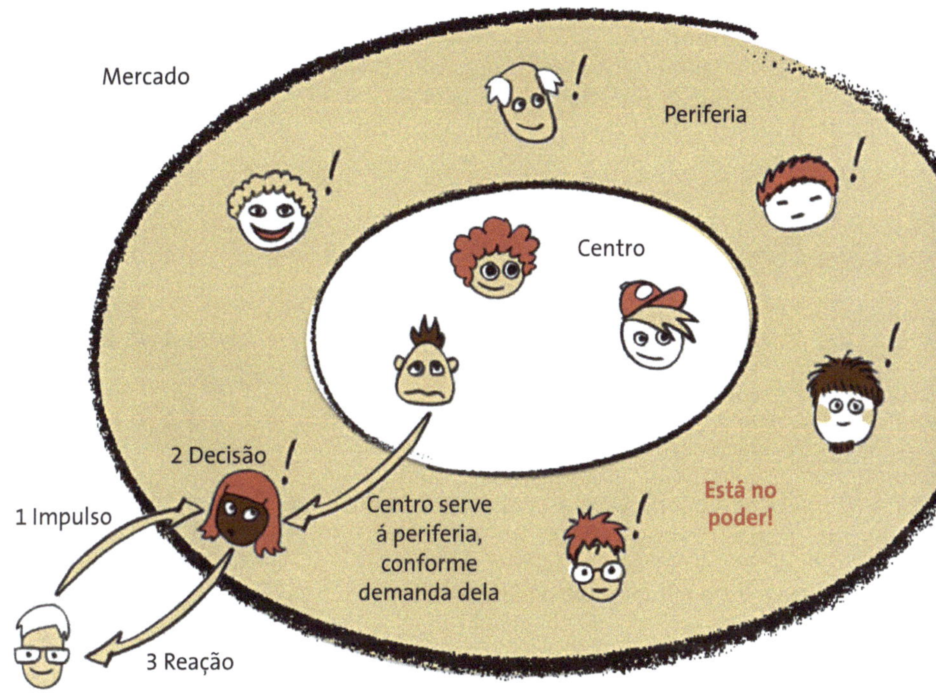

Em mercados dinâmicos, o caminho para fora do dilema de controle é a descentralização, ou devolução de decisões para a periferia, o que aumenta a efetividade.

Dessa forma, as decisões são baseadas na interação com o mercado e no que se aprende com ele. Os papéis tanto do centro como da periferia mudam drasticamente, em comparação com o Alpha..

Um pouco sobre cultura: Por que a cultura é como uma sombra

A cultura organizacional não é um fator de sucesso, e sim uma consequência do sucesso ou do fracasso. É uma imagem das circunstâncias de uma organização, não a causa delas. É por isso que ela também não pode ser influenciada diretamente. A cultura é como uma sombra.

A cultura pode ser observada, mas não controlada. O desenvolvimento cultural não é uma dificuldade e nem um problema – ele acontece o tempo todo e por ele mesmo. Entretanto projetos de desenvolvimento cultural não têm como funcionar. Desejar ou tentar forçar uma determinada cultura – uma mais inovadora, por exemplo – é um fenômeno comum nas organizações, mas sempre será ridículo e resultará em apelos vazios: uma empresa não pode escolher sua cultura, ela tem exatamente a cultura que merece.

A cultura é como a memória inquieta de uma organização. Ela facilita ou previne comportamentos desviadores. Não padroniza – ninguém tem que obedecê-la! Mas gera um "estilo" comum em que todos podem confiar. Assim, ela age como um mecanismo de simplificação conservador por natureza. Por outro lado, a cultura organizacional processa as contradições vindas do dinamismo externo e da mudança. Ela funciona como uma memória que assimila tudo que acontece. O que ela esquece ou não, também não é controlável. A cultura, nesse sentido, é autônoma.

> { Cultura não é uma barreira e nem um estimulador para a mudança. Mas pode apontar naquilo que uma organização precisa aprender. }

É impossível mudar a cultura, mas é valioso observá-la

Empresas maiores tendem a querer trabalhar sua cultura e seus valores. Se essas atividades servem para alguma coisa, então elas somente impactam comportamentos. Valores, entretanto – outro mecanismo de memória organizacional – não seguem considerações racionais, portanto ficam sem ser afetados por tentativas de controlá-los. Eles até podem ser afetados adversamente, pois o ativismo frequentemente cria hipocrisia.

Observação de cultura é uma ferramenta essencial para mudança e desenvolvimento organizacional. A cultura é um sensor imbatível da efetividade dos esforços de mudança. Enquetes com funcionários, como as pesquisas de clima, por outro lado, são inúteis para observação cultural (e de modo geral): elas só captam opinião individual. Comportamentos e fenômenos invisíveis, como valores, estruturas informais, os bastidores da organização, continuam impercebíveis com esse tipo de método.

A parte visível da cultura, suas manifestações, são observáveis apenas na prática, no comportamento, na comunicação: nos afastamentos por doença, nas estruturas dos escritórios e ambientes de trabalho, na quantidade de e-mails e cópias de segurança, nas taxas de erro e reclamações de cliente, no uso da mídia e das ferramentas de comunicação, nos indicadores e relatórios. Entrevistas e, em particular, "entrevistas interligadas, aprendentes", são ferramentas provadas para se observar cultura, aplicáveis por agentes externos.

> { A cultura permite observar indiretamente a qualidade dos esforços de mudança: a mudança vai gotejando para dentro da cultura. }

Delegar, ou descentralizar?

A descentralização vai além da delegação. Enquanto a delegação ocorre num nível individual, onde um superior decide passar um poder, responsabilidade ou tarefa para um subordinado, a descentralização ocorre quando uma diretoria (ou equivalente) decide instituir como principio transferir poder para partes periféricas da organização.

Em ultima instancia, a descentralização vai junto com mudanças estruturais que partilham um maior grau de autonomia (do grego: governo próprio), principalmente através da integração funcional dentro de equipes.

A descentralização tipicamente envolve a descentralização de atividades, para providenciar maior autonomia ás equipes. Contudo isso não significa que todas as atividades precisam ser descentralizadas! Elas podem ser tanto centralizadas como descentralizadas. A questão é como equipes que interagem são conectadas entre si.

Delegação 　　　　　　　**Descentralização**

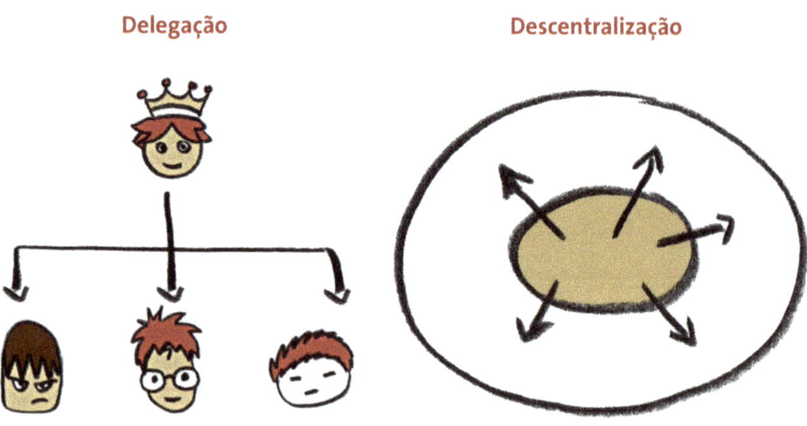

> A descentralização é mais duradoura que a delegação. Ela se baseia em princípios; precisa ser integrada à estrutura e à criação de valor.

Parte 5

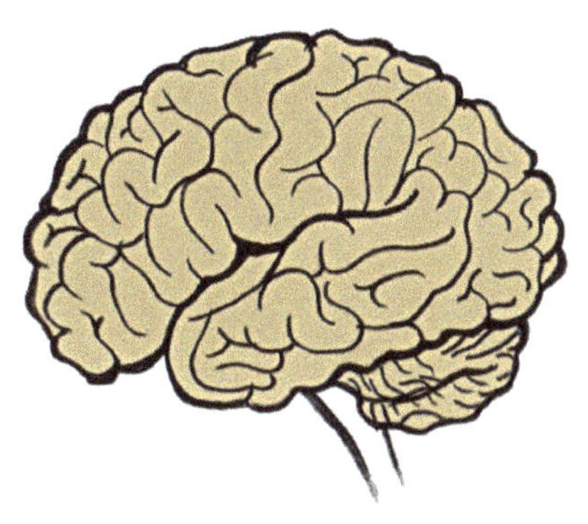

Redes dinâmico-robustas: é assim que se faz!

(Como ancorar o mindset "Beta" na estrutura organizacional)

Desenhar uma organização como rede descentralizada, e não como pirâmide

Para transformar sua organização em uma estrutura de células descentralizada, ou para construir uma nova organização conectada em rede, é preciso primeiro entender os elementos, ou componentes, deste tipo de desenho.

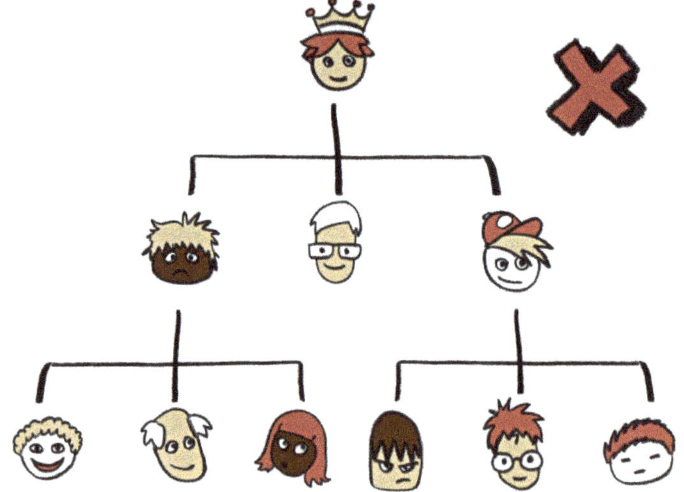

Quatro elementos de construção são necessários:

- Um limite organizacional, ou a esfera de atividade, que marca os limites da ação.
- Células em rede – distinguindo ainda entre células centrais e periféricas.
- Linhas de conexão entre essas células que compõem a rede e, finalmente:
- Contato com/"Puxe" do mercado - por meio de conexões com o mercado externo.

{ Sem estruturas de linha. Sem funções. Sem departamentos. Sem divisões. Sem centros de serviços compartilhados. É uma forma diferente e mais eficaz de definir estrutura para a complexidade. }

Identidade organizacional e a Esfera de Atividade: A diferença entre dentro e fora

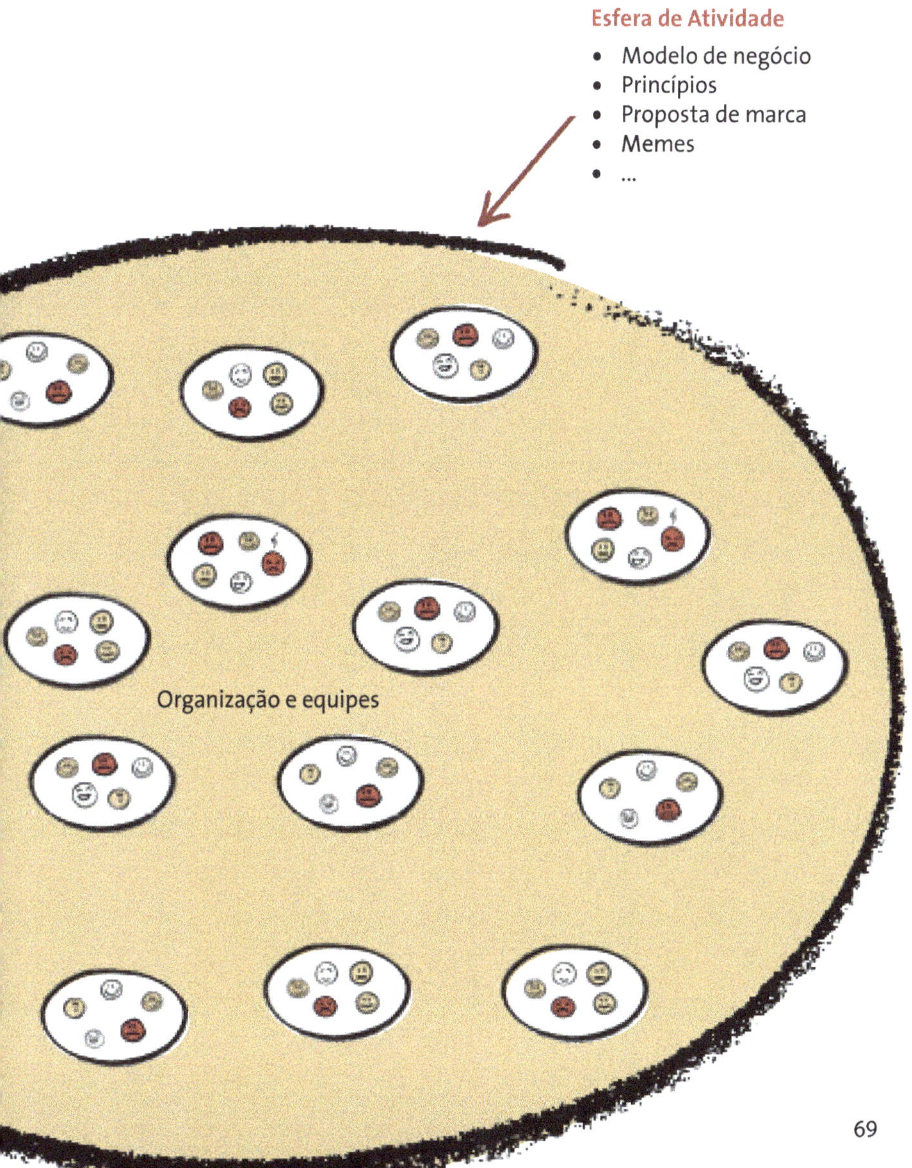

A Esfera de Atividade

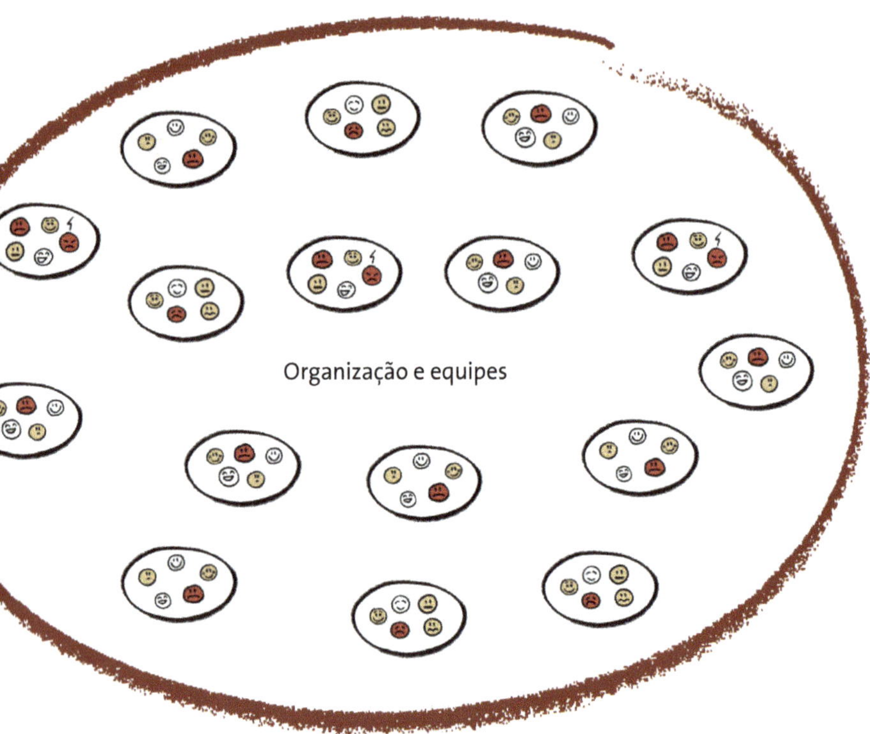

A auto-organização requer que o sistema esteja limitado por uma barreira de contenção. **Essa condição define a "personalidade" que será desenvolvida durante o processo de auto-organização.** Essa barreira tem a função de direcionar equipes auto-organizadas para à criação de valor.

Os elementos dessa esfera devem ser colocados por escrito, por exemplo em uma "Carta Para Nós Mesmos", um "Manifesto" ou um "Livro da (nossa) Cultura".

O mercado e seus componentes

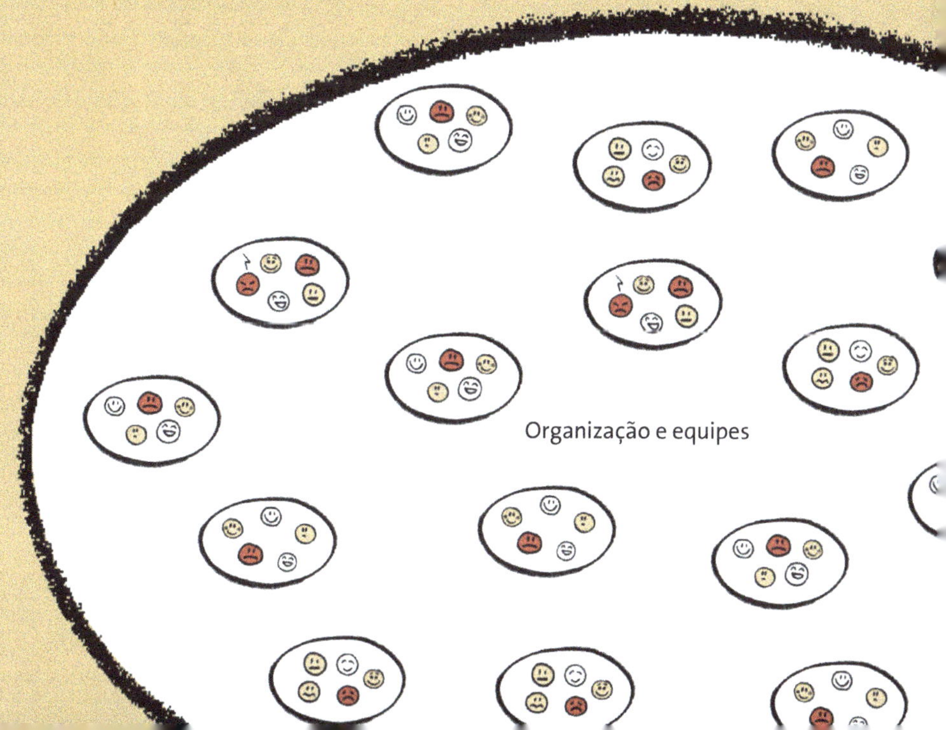

A criação de valor flui de dentro para fora. O "puxe" do mercado providencia o direcionamento

Uma rede estruturada por células ganha estabilidade e resiliência não através de relações de poder hierárquicas ou através de "resistência à pressão", mas através do "puxe" promovido pelo mercado externo e das complexas relações humanas promovidas internamente. A dinâmica do mercado é quem dirige.

Parece simples? Realmente é.

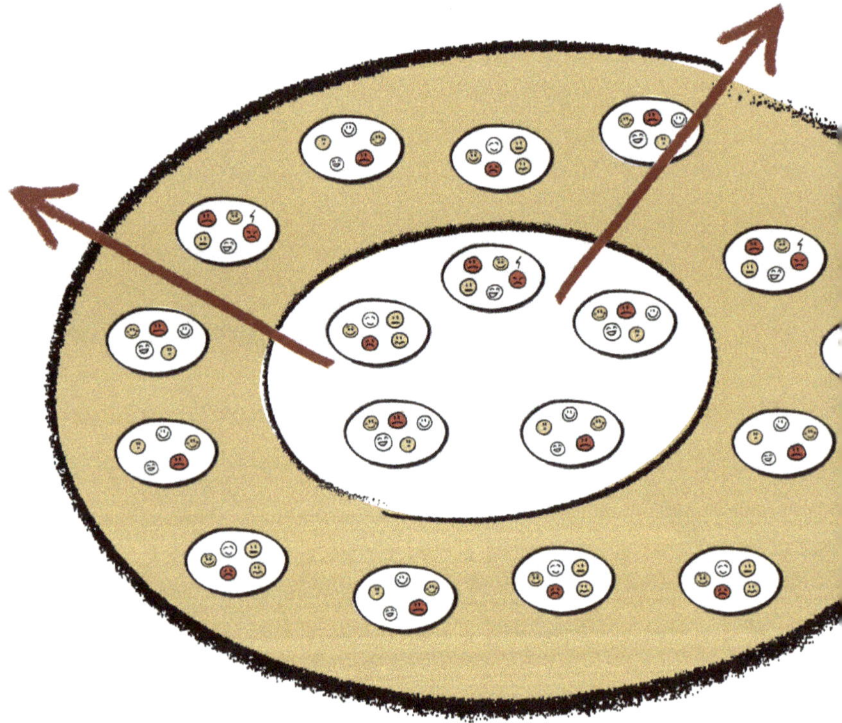

De "equipes que criam valor" para "redes de criação de valor"

Chamamos a conexão entre as células da rede de "ligações".

Chamamos a conexão das células periféricas com o mercado de "puxe de mercado".

Através do "puxe de mercado" e das ligações, tensão é aplicada dentro da organização e entre as células.

Somente as células da periferia tem conexão direta com o mercado, e assim se tornam capazes de entregar valor externamente.

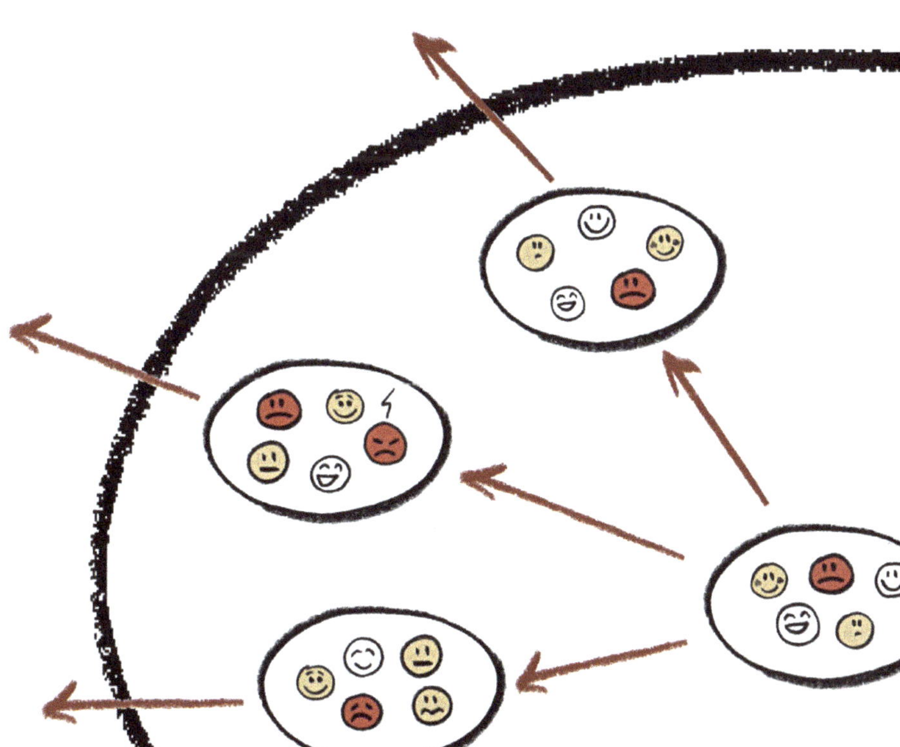

O fenômeno do "puxe de mercado"

O "puxe de mercado" é o que conecta o mercado com a organização. Sempre que parceiros externos de uma organização "querem " ou " demandam", ou "exigem" ou fazem algo relevante para a organização, isso é originário do "puxe" de mercado.

"Puxe" pode ser causado por demanda de clientes que precisam algo, por acionistas exigindo retorno dos seus investimentos, por um banco que demanda pagamento de uma linha de crédito dada, pelo governo exigindo pagamento de impostos, ou um concorrente lançando um novo produto. **"Puxe de mercado" tem origens variadas.**

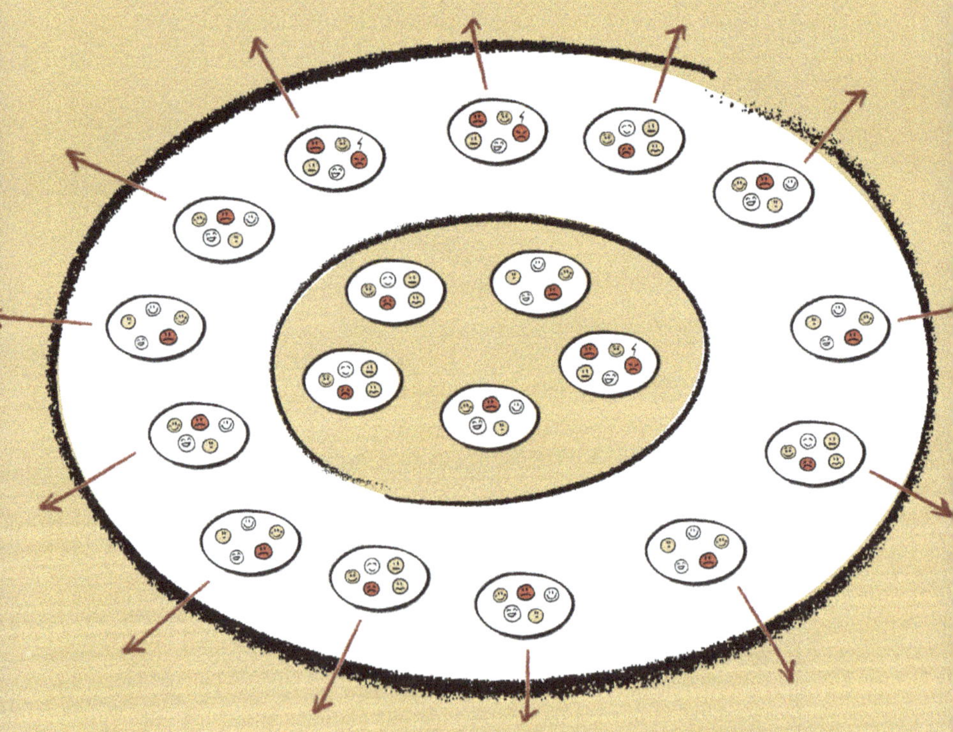

Pense a sua organização como rede de fluxo de valor.
1º. Comece de fora para dentro

Comece pelo mercado, e assim pense em primeiro lugar sobre as células periféricas.

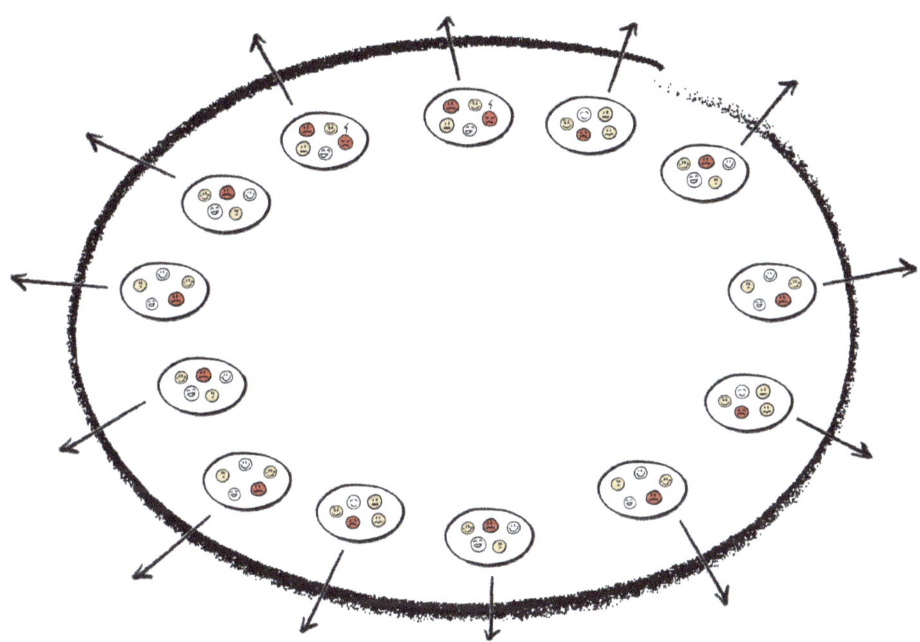

Células periféricas devem:

- Ser o mais autônomas possível na tomada de decisão, funcionando como "mini- empresas", responsáveis por negócio holístico individual cada uma.

- Conter pelo menos três membros de equipe cada uma, com capacidades e papéis trans-funcionais.

- Medir seu próprio desempenho.

2º: Desenhe células centrais como unidades fornecedoras internas - sem poder de decisão sobre a periferia

O papel das células centrais é fornecer valor às equipes periféricas que essas não conseguem criar por elas mesmas. O seu trabalho é de servir, não de governar a periferia. Não é exercer poder de tomada de decisões e nem dirigir ou controlar.

O ideal é que essas equipes vendam seus serviços às células periféricas através de transações precificadas com, através de um mercado interno. Para isso, é necessário definir quais serviços internos serão prestados e seus respectivos preços, mas deve ser evitado de fixar a quantidade de compra desses serviços! Exemplos de como fazer isso podem ser encontrados em empresas como Handelsbanken, dm-drogerie markt, e Morning Star.

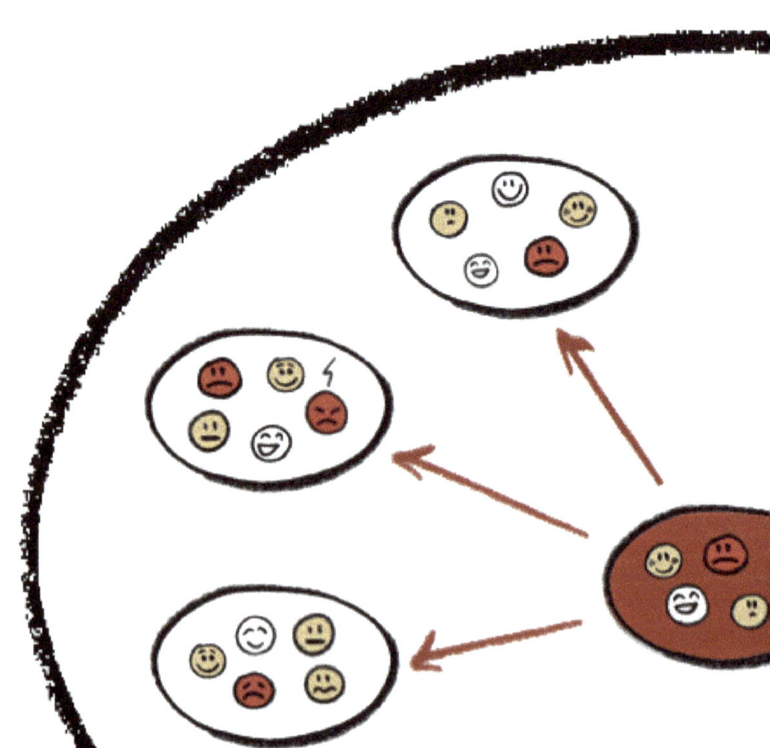

Os papéis das células centrais

- Recursos Humanos
- Finanças
- Tecnologia da Informação
- Jurídico
- Outros centros de expertise

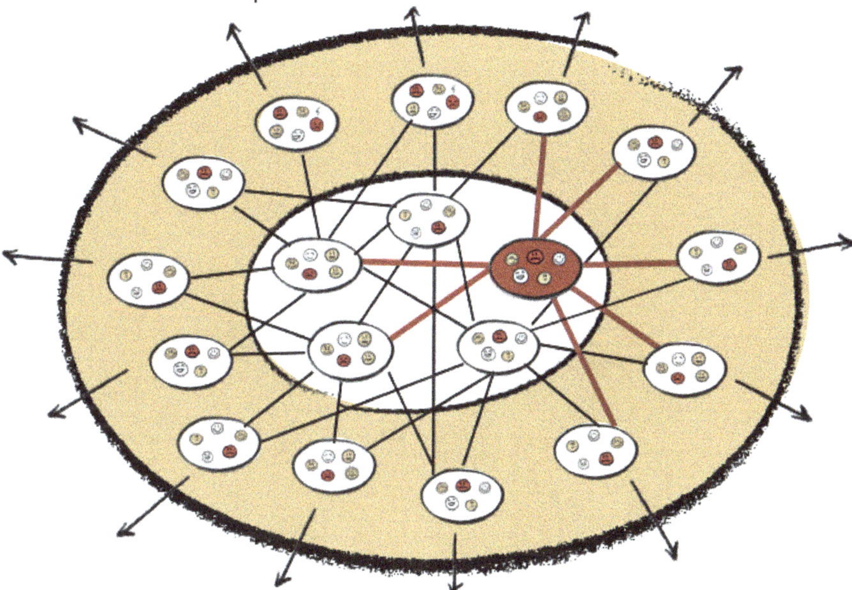

É claro que não precisam ser criadas células para cada categoria. Em organizações menores, combinar os serviços internos em uma ou duas "lojas" centrais, ou "supermercados" pode ser o suficiente.

Um modelo com duas "lojas" pode funcionar assim:

- "Loja de Organização" – uma equipe que entrega serviços organizacionais para a rede inteira, como RH, jurídico e administrativo.

- "Loja de Informação" – uma equipe que entrega serviços relacionados com sistemas de informação e a geração dela, como finanças e TI.

3º: Itere. Envolva muitas pessoas no processo de desenhar a estrutura completa em forma de rede

Pessoas envolvidas no processo de decidir quais serão as mudanças estruturais acabam sendo transformadas pelo processo. Aquelas que não estão envolvidos não são transformadas - e tal vez nunca serão.

Geralmente, é preciso realizar algumas iterações para chegar a um modelo de estrutura de criação de valor que não é apenas melhor que o modelo anterior, mas também o mais descentralizado possível, com escalabilidade e viável no longo prazo. Na maioria das vezes a organização terá que fazer ajustes após o aprendizado inicial obtido com o novo desenho. Pode haver melhorias frequentes, no começo.

{ Quanto mais membros da organização estiverem envolvidos no processo de idealização da estrutura, melhor será o resultado. }

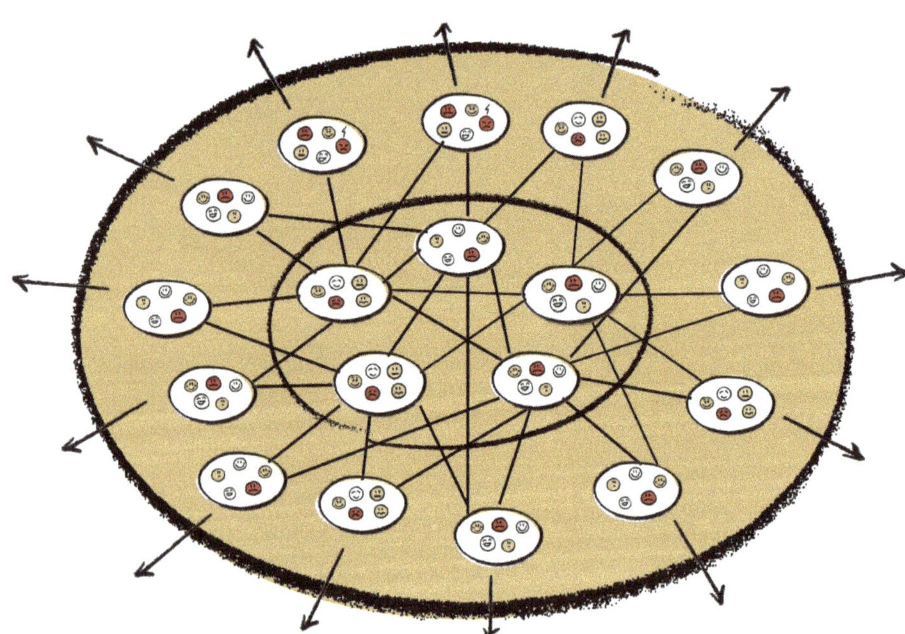

Cultive princípios, não regras

As pessoas e seus "portfólios de funções": Caraterística comum em estruturas de rede descentralizadas

Em uma estrutura de rede descentralizada, "posições" deixam de existir. "Papéis" é que dominam. As pessoas não ficam confinadas a um papel ou a uma célula da rede apenas, mas vão agir em diferentes células, desempenhando diferentes papéis em diferentes partes da rede. Consequentemente, todos ficam fazendo "malabarismo de papéis" o tempo todo.

Um exemplo: uma pessoa com título oficial de "CFO" em seu cartão de visitas poderia desempenhar uma função em uma célula central atendendo a outras equipes da rede, mas também ser parte de uma célula periférica quando a organização precisar lidar com um banco. Essa mesma pessoa pode igualmente preencher outras funções dentro da organização que poderão ter pouco ou nada a ver com finanças.

{ Em uma estrutura de células, papéis mudam com frequência, status formal e títulos perdem importância. Membros da organização não são limitados por descrições de cargo – eles mesmo constroem suas próprias "carteiras" de papéis. }

Papeis, não cargos: escopos múltiplos, vida profissional mais colorida. Aprendizado: favorecido

Parte 6

Liderança para a complexidade: os vestígios e o que é preciso.

(Recomendações práticas
para o trabalho-liderança
dinâmico-robusto)

Liderança como "liderando pessoas": Se fosse tão fácil!

Em seu livro "Change or Die", o escritor sobre negócios Alan Deutschman faz uso de insights de pesquisas científicas de diversas esferas da vida humana para ilustrar o que faz as pessoas realizar uma mudança pessoal e o que não. Deutschman diferencia os "Três Fs" e os "Três Rs".

Os "Três Fs": praticados, conhecidos e inadequados:

Fatos: "Fatos difíceis falam logicamente por eles mesmos".

Fobia: "O medo das consequências traz o empurre emocional".

Força: "Pressão através de poder formal, controle ou incentivos garante o sucesso".

Aplicar os "Três Fs" levará certamente a algumas consequências diretas: Sobrecarga, desmotivação e frustração. Essa abordagem mecanicista para mudar resultados no controle e no condicionamento comportamental reprime as pessoas e o aprendizado.

Os "Três Fs" são típicos da liderança por hierarquia, baseada em relações de poder formal ou de comando-e-controle. Também são comuns em formatos convencionais de treinamento, desenvolvimento de pessoas e gestão de mudança.

Os "Três Fs" seguem um mecanismo lógico de "Se... então": eles são sintomas da tentativa de lidar com problemas complexos – aprender e mudar – de maneira complicada. A noção de líder-herói é baseada no mesmo erro.

> { Se os "Três Fs" funcionassem, então cursos e treinamentos seriam a solução. }

A liderança como processo social: complexo, mas pelo menos real

Existe uma outra abordagem mais eficaz para mudança e desenvolvimento pessoal, descrita por Alan Deutschman.

Como criar condições apropriadas para aprender com os "Três Rs":

Relacionar: Estabeleça um relacionamento. Pessoas querem se conectar – relacione-se com uma pessoa ou um grupo, alguém que incorpore a mudança positivamente ou acredite nela.

Repetir: Garanta a repetição. Sem ela, o aprendizado não é possível. Na vida real, novos comportamentos e habilidades precisam ser muito bem treinados e praticados com disciplina e profundidade.

Remoldurar: Garanta a reinterpretação, assim podem aparecer novas ideias sobre os desafios atuais. Uma vez internalizado, novas atitudes congruentes são possíveis.

Liderança com os "Três Rs" significa influenciar pessoas e contextos, sistemicamente. Levando em conta tanto a individualidade humana quanto a estrutura de criação de valor. Apenas seguindo esse processo é que se pode chegar a resultados reais. Liderança que considera a complexidade tem pouco a ver com a personalidade do líder individual e mais com liderança como processo social. Os "Três Rs" não tiram a responsabilidade daqueles que agem liderando. Mas tornam o trabalho de liderança algo muito mais desafiador, uma vez que eles consideram que desenvolvimento e aprendizado não são triviais, e sim complexos por natureza.

> { Ninguém pode liderar e exercer poder hierárquico ao mesmo tempo. Na complexidade, a liderança como processo social e capacidade inerente ao sistema ganha proeminência. }

Concentre o trabalho de liderança no sistema. Não em pessoas individuais

A auto-organização em sistemas complexos é natural. Ter "um líder" não. Com uma barreira de contenção e os mercados externos no seu lugar, isso vai dar conta do direcionamento.

A liderança, portanto, deve estar focada em melhorar o sistema, em possibilitar que o mercado seja palpável em qualquer lugar dentro da organização através da transparência e do diálogo. E em fazer a auto-organização e a pressão entre os pares funcionarem.

{ Entendida corretamente, liderança na complexidade significa trabalhar o sistema e não as pessoas. }

Promova uma cultura de realização focada em resultados

Tornar visível o desempenho das células – resultados apenas, não inputs! –nutre uma "cultura vitoriosa" baseada em equipes.

Nunca tente gerenciar desempenhos individuais, pois eles simplesmente não existem. Pare de gerenciar tempo de trabalho e de controlar comportamentos individuais – já foi comprovado há muito tempo que o "behaviorismo" está errado, pois ele canibaliza a auto-organização.

O que funciona no lugar disso: as organizações mais bem-sucedidas e adaptáveis concentram-se em promover uma cultura que destaca a importância de "todos se divertirem juntos enquanto ganham o mercado".

Isso nunca poderá ser alcançado se você controlar o comportamento das pessoas.

Redefinindo o sucesso para a era da complexidade: Por que e como fazer as pazes entre grupos de interesse

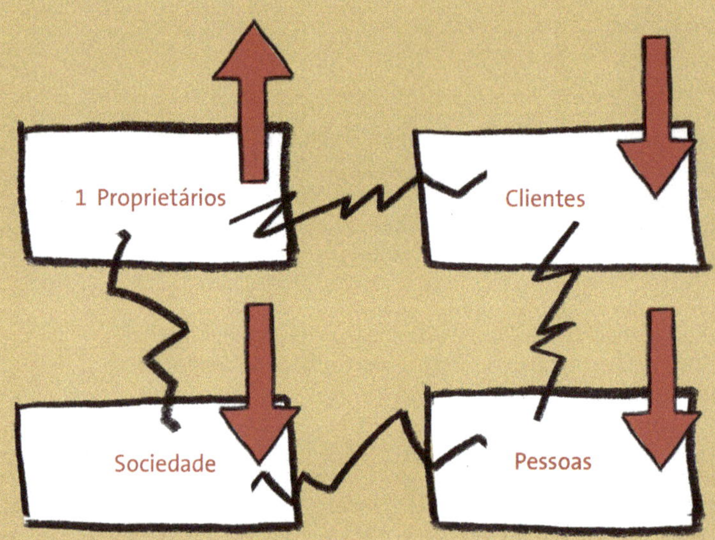

Crença *Alpha*:

"Os diversos grupos de interesse (os stakeholders) de uma organização estão fadados a estar em eterno conflito uns com os outros. Portanto, em qualquer situação, nós devemos dar prioridade a um determinado grupo de interesses. Na dúvida, optamos pelos proprietários ou acionistas. Ás vezes, devemos colocar o cliente em primeiro lugar, ou é isso pelo menos o que dizemos. **Sucesso é quando há maior lucro possível ou valor dos acionistas num curto período**".

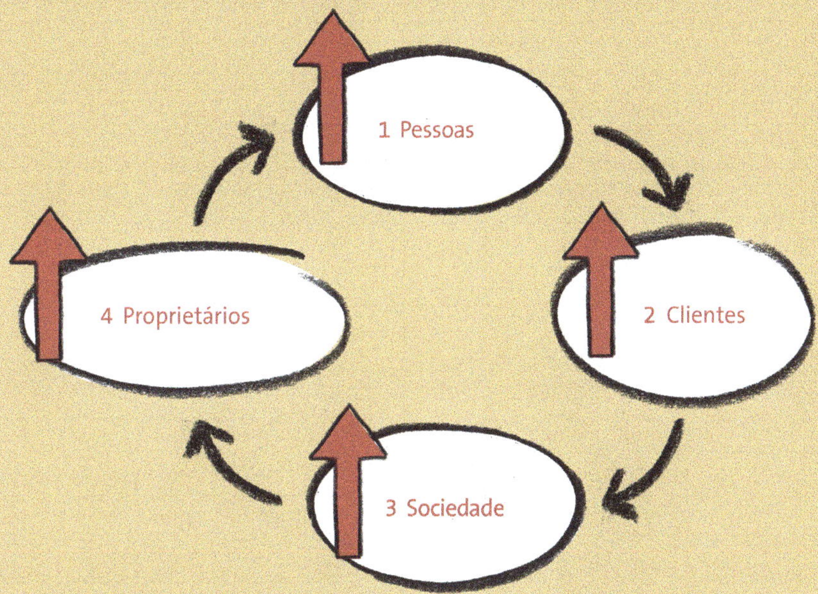

Crença *Beta*:

"Os interesses dos grupos de interesse são interlaçados e interdependentes: o sucesso ocorre quando um ciclo virtuoso entre a criação de valor para pessoas (os membros da organização), clientes, sociedade e proprietários é produzido. Este ciclo apenas pode começar pelos membros da organização – a criação de valor se inicia com eles. Eles devem vir em primeiro lugar. O ciclo não pode ser quebrado à custa de um grupo de stakeholders ou de outro. O sucesso ocorre quando tem criação de valor sustentavelmente superior para todos os grupos de interesse".

{ Maximização de lucros e a teoria de shareholder value, além de mecanicistas, são dogmas antissociais. O sucesso não é um jogo de soma zero - e nem um "ganha-ganha". }

Liderança é:
influenciar a Estrutura Informal

Estruturas Informais podem desenvolver uma força positiva que protege as organizações de falhas e desordens. Um fenômeno como a solidariedade surge apenas de Estruturas Informais. O primeiro passo para a liderança eficaz como influencia nas Estruturas Informais é reconhecer e aceitar a existência delas e abrir espaço para elas. Não dispensá-las como se fossem conversa de cozinha! Muitos executivos de hoje não se veem como parte da Estrutura Informal ou acham que ela é ilegítima. Isso é um erro.

Apesar de a Estrutura Informal não poder ser propositalmente moldável, e embora ela possa escapar da observação direta, ela ainda pode ser "irritada construtivamente", em princípio. Quem é parte do sistema, e quem é permitido entrar e fazer parte dele, irá influenciar significantemente a estrutura social. Rituais também influenciam o informal e merecem ser cautelosamente cultivadas. Tornar a informação disponível para todos, de forma rápida e uniforme, para promover o máximo de transparência, é um fator muitas vezes subestimado. Outro é criar excelentes ambientes de trabalho para todos: algo que o Google mostrou como pode ser feito.

Operar fóruns de conhecimento informal, ligas, Comunidades de Prática, em vez de promover conferências e eventos frontais, é uma alavanca a mais. Mais efetivo que o desenvolvimento pessoal é criar processos de aprendizado que aumentem o conhecimento sobre si mesmo e o outro, a comunicação e a eficácia de equipe.

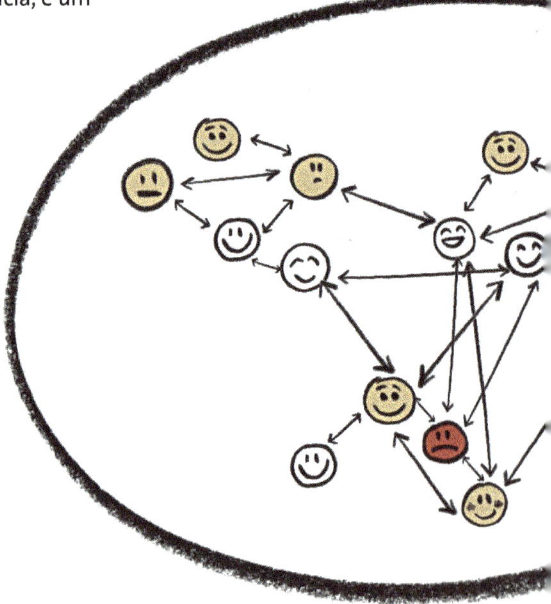

Liderança é: influenciar a Estrutura de Criação de Valor

Liderança não estabelece metas, nem ergue barreiras. Isso é gerenciamento ou liderança como posição. Liderança, entretanto, não é um cargo, e sim um trabalho. Este trabalho consiste em ações coletivas que abrem espaço, uma esfera de atividades, onde a criação de valor pode se materializar. Através da liderança, pessoas e equipes interagem de maneira flexível e empreendedora. Trabalham juntas e umas para as outras. Nada é fixo.

Liderança no modelo Beta não é mais sinônimo de "direito de tomar decisões". Em vez disso, o poder de tomar decisões "pula" para onde está o problema: qualquer decisão deve ser tomada por um profissional adequado, apropriado, ou por um "mestre".

Então o que resta aqui para os "executivos" fazerem? Organizar ação conjunta na construção e manutenção da esfera de atividades, do modelo organizacional, de princípios e modelos de negócios; Organizar "trabalho de Identidade"; Representar externamente a empresa e atrair as pessoas certas; Agilizar as relações entre as células; Moderar conflitos; Assegurar a visibilidade dos resultados; Assegurar habilidades e maestria, sem apelar para o poder formal.

Se você deixar a estrutura formal interferir negativamente na criação de valor, você não está fazendo seu trabalho.

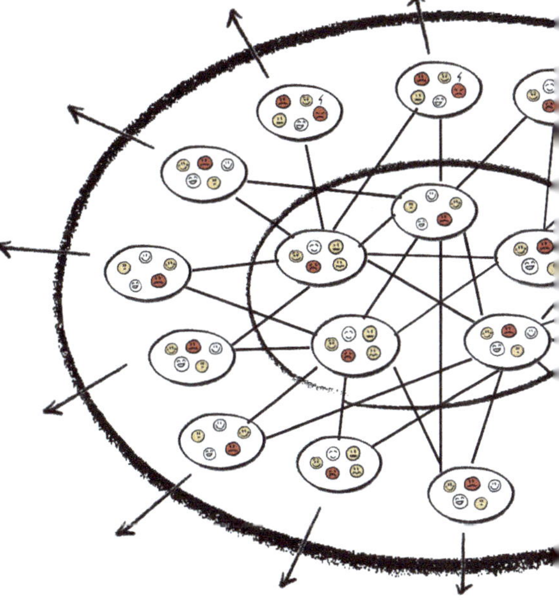

{ **Liderança ocorre em duas estruturas - e ao mesmo tempo altera essas estruturas.** }

Recrutamento e seleção como disciplinas chave de liderança: escolha as pessoas certas

Ao longo das décadas surgiram verdadeiras industrias de seleção e de avaliação de pessoas. Na complexidade, elas se tornam parte do problema. Processos de seleção altamente formalizados, padronizados e carentes de elementos sociais tornaram-se a regra. Gerentes e profissionais de RH, às vezes auxiliados por psicólogos, compartilham a responsabilidade de selecionar pessoas: Isso leva a uma ênfase excessiva em critérios de seleção aparentemente objetivos e facilmente observáveis – baseados em comportamentos isolados, "habilidades", competências. Uma vez que padronização comportamental e competências individuais tornam-se predominantes em seleções e promoções, baixa diversidade

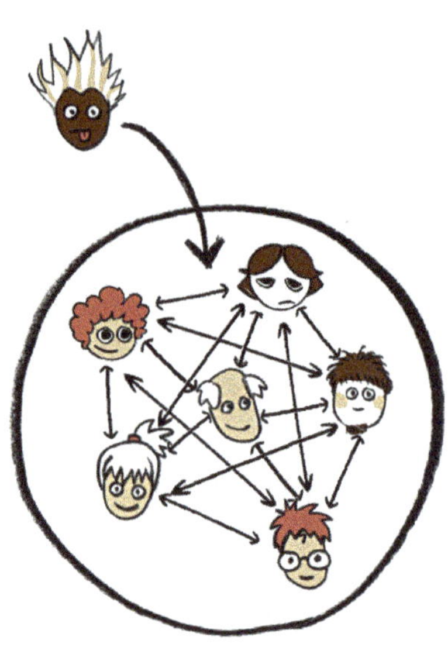

torna-se uma consequência inevitável, bem como a falta crônica de "adaptação" cultural entre novos entrantes e suas equipes. É provável que emerge uma hierarquia de incompetência ("Para me proteger, eu cuido que as pessoas abaixo de mim são ligeiramente piores do que eu").

No Beta, o recrutamento é visto como a "tarefa mais sagrada" de liderança. Aqui, estar envolvido com a seleção é questão de honra. Isso leva a processos seletivos socialmente densos: colegas selecionando colegas. Em vez de representantes da estrutura formal, os mais diversos pares serão responsáveis pelas decisões de seleção para suas equipes. No processo de decisão, pouca formalidade e diálogo intenso abrem espaço para observância de fatores não tão fáceis de serem percebidos como "atitude", "encaixe cultural" e "cabimento com a equipe". Várias pessoas (por exemplo, cinco, oito ou mais) irão participar de qualquer processo de seleção, e cada uma terá o poder de eliminar ou excluir alguém do processo, se justificar a decisão.

{ Recrutamento e promoção são decisões chaves de negócio.
Um marco da seleção bem-feita é que ela é muito demorada. }

Promova o autodesenvolvimento e a maestria

Você não pode nem precisa desenvolver pessoas. Elas podem fazer isso sozinhas. Uma organização pode e deveria, entretanto, criar condições e fóruns que promovam o autodesenvolvimento. Isso também permite que os líderes parem de controlar ou conter o autodesenvolvimento das pessoas.

A maestria individual é o único mecanismo viável para solução de problemas em um ambiente complexo.

Nós tendemos a superestimar talento e subestimar o aprendizado disciplinado e sistemático. Tendemos a superestimar treinamentos em sala de aula e subestimar o aprendizado através da realidade de trabalho. Tendemos a superestimar instrução formais e subestimar interações inspiradoras, redes informais e comunidades de prática.

{ Orçamentos de treinamento só servem para o controle – não para o aprendizado. Descarte-os e disponibilize recursos de aprendizagem para aqueles que querem aprender, quando eles quiserem aprender. }

Pratique a "transparência radical"

A informação está para o empreendimento assim como o oxigênio está para o corpo humano. Numa organização, sem acesso rápido e fácil à informação – incluindo as de desempenho de equipes e resultados financeiros da organização – as pessoas e as equipes ficarão andando no escuro.
A transparência é como ascender a luz.

A transparência viabiliza a ambição, a competição saudável entre equipes, e a pressão entre pares.

Ter e manter os "livros abertos" é parte disso. Se você está pensando sobre os possíveis "perigos" da transparência, então você provavelmente ainda não entendeu a ideia.
É hora de fazer isso, agora.

{ A transparência é o novo controle. }

Faça com que objetivos, medidas e compensações sejam "relativos"

Principio de desenho *Beta:*
- Transparência & Melhoria
- Comparação entre (equipes) pares
- Comparação c/períodos anteriores
- Diálogo e dissenso
- Remunerar pessoas pelo valor do mercado
- Participação nos resultados
- Lutar contra o desperdício
- Target Costing

Principio de desenho *Alpha:*
- Metas fixas e individuais
- Gestão por objetivos
- Orçamentos & Planos
- Avaliações de desempenho
- Cargos e salários, pagamento de acordo com hierarquia/ posição
- Incentivos e bônus
- "Pay for Performance"
- Gestão de custos

Em mercados dinâmicos é impossível realizar um prognóstico. O planejamento se torna um ritual fútil e as vezes perigoso.

Em trabalhos intensos em conhecimento, pendurar um incentivo na frente das pessoas não apenas não vai funcionar: também desmotiva as pessoas e acaba com comprometimento e o espírito de equipe. O uso de metas, da medição de desempenho e os sistemas de recompensas precisam levar em consideração a complexidade, a interdependência e a natureza da motivação humana.

{ Deixe que o propósito direcione o comportamento, não os números ou processos controladores e manipuladores. }

Uma forma melhor de tomar decisões na complexidade

A tomada de decisões consistentemente descentralizada numa estrutura conectada em rede torna indispensável a existência de uma "cola" social entre equipes e pessoas. A prática de consultação entre as pessoas é um meio para isso. É ainda melhor elevar a "tomada de decisão consultativa-individual" a um princípio.

Como vimos, decisões tomadas com base na hierarquia ("aprovação pelos chefes") não são eficazes em ambientes complexos. As alternativas óbvias e bem conhecidas, como os consensos ou o voto por maioria em comitês e reuniões, também não são eficazes nem práticas: elas tendem a alimentar a burocracia e o desperdício. Organizações em rede preparadas para lidar com a complexidade precisam de mecanismos de tomada de decisão mais eficazes que esses.

Consultação, de modo geral, significa buscar e coletar informações e conselhos com outras pessoas, antes de se tomar uma decisão. Médicos, em determinadas situações, são obrigados a consultar seus pares. Advogados costumam fazer o mesmo.

Em organizações onde as tomadas de decisões são consistentemente descentralizadas, a prática e o princípio de consultação também são comuns. **Eles chamam isso de processo de aconselhamento (AES), deliberação (DM-drogerie markt), recomendação, "waterline" (W.L.Gore) ou "nemawashi" (Toyota).**

> { O que distingue a consultação do diálogo: a consulta começa com um problema específico ou algo que precisa ser decidido; apenas uma pessoa (nomeada no início do processo) deverá decidir; a consulta não é voluntária: é obrigatória. }

Como funciona a "tomada consul-tativa-individual" de decisões

① **Grupo: "Quem é o decisor?"** Assume que "chefes devem decidir o menos possível"; "aponta" o problema; escolhe quem tomará a decisão aplicando critérios como: envolvimento, proximidade com o problema, capacidade de geração de ideias...

③ **Decisor e consultado: "Quais são as opções?"** Desenvolvem "diálogos de consulta"; compartilham conhecimento; geram ideias; delimitam o campo de decisão; aprendem um com o outro e mudam juntos.

⑤ **Grupo: "O que mais podemos fazer?"** Coletivamente apoia a decisão, sem diminuir a responsabilidade individual; comemora junto, dá feedback; "exercita o perdão", se necessário; usa a experiência em situações semelhantes.

② **Decisor: "Quem eu devo consultar?"** Sabe que a consulta é um dever, não uma opção; procura ajuda com as pessoas apropriadas: colegas, especialistas internos e externos, consultores, executivos (dependendo da relevância também o conselho administrativo); é responsável por selecionar parceiros de consulta internos e externos.

④ **Decisor: "Qual é a minha escolha?"** Traz toda responsabilidade para si; escolhe a melhor opção; leva em consideração diferentes ideias e pontos de vista; acompanha as consequências da decisão; se necessário defende ou muda a decisão.

{ A consultação é como um esquema de sugestões virado de cabeça para baixo. }

Do Alpha para o Beta e para um conjunto de princípios de desenho organizacional dinâmico-robusto

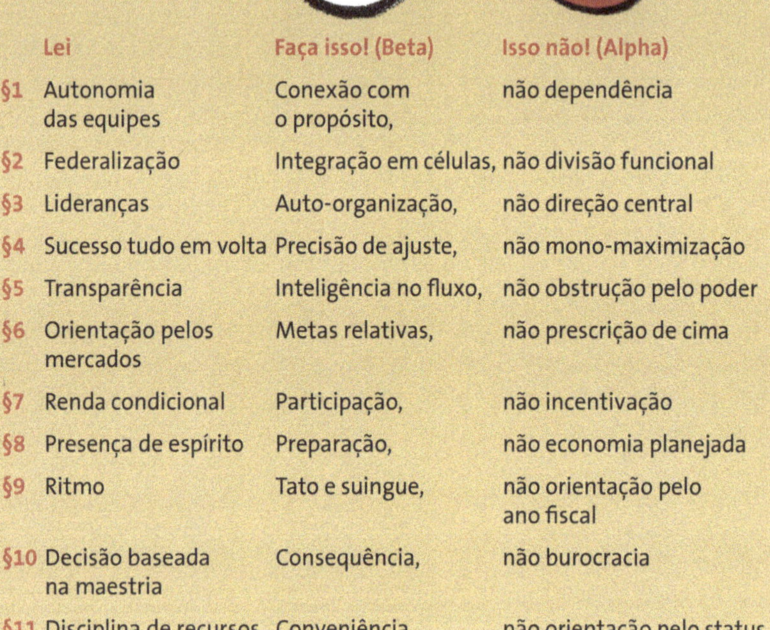

Lei		Faça isso! (Beta)	Isso não! (Alpha)
§1	Autonomia das equipes	Conexão com o propósito,	não dependência
§2	Federalização	Integração em células,	não divisão funcional
§3	Lideranças	Auto-organização,	não direção central
§4	Sucesso tudo em volta	Precisão de ajuste,	não mono-maximização
§5	Transparência	Inteligência no fluxo,	não obstrução pelo poder
§6	Orientação pelos mercados	Metas relativas,	não prescrição de cima
§7	Renda condicional	Participação,	não incentivação
§8	Presença de espírito	Preparação,	não economia planejada
§9	Ritmo	Tato e suingue,	não orientação pelo ano fiscal
§10	Decisão baseada na maestria	Consequência,	não burocracia
§11	Disciplina de recursos	Conveniência,	não orientação pelo status
§12	Coordenação pelo fluxo	Dinâmica de criação de valor,	não alocações estáticas

BetaCodex, versão 2018, www.betacodex.org

{ Ambos os modelos, Alpha e Beta, são mentalidades baseadas em códigos formados por leis interdependentes. No mundo dinâmico de hoje (e com pessoas Teoria Y), praticar o modelo Beta levará a desempenho competitivo superior. }

Parte 7

Transforme, ou fique paralisado: o caminho a ser trilhado

(Como a transformação organizacional profunda funciona)

Transformar modelos organizacionais: necessidade e desafio

Apesar do modelo de gestão taylorista ou "Alpha" ter se mantido como modelo padrão de gestão organizacional até o momento, ele nada mais é que o modelo do passado: Como sabemos, o mundo já mudou –a alta complexidade na criação de valor virou normalidade.

Para cada organização existente e mais madura de hoje, isso levanta a pergunta: "Será que é possível transformar a nós mesmos? " Ou "Será que precisamos realmente fazer isso?" E se a resposta for sim, "Como podemos migrar do Alpha para Beta?"

Para as organizações mais jovens, a pergunta é: "Como podemos evitar ou circunavegar o Alpha - e manter um modelo organizacional altamente empreendedor?"

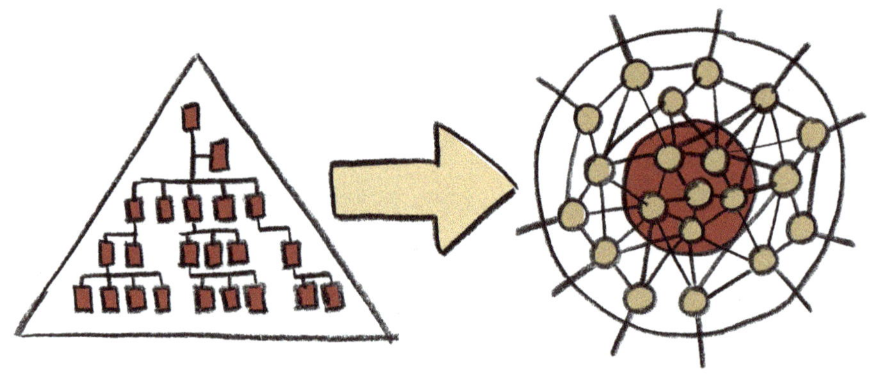

{ Otimização, melhoria do modelo existente ou "management innovation", não irão jamais levá-lo do Alpha para Beta. Só trabalhar sobre o modelo em si terá esse efeito. }

Como nosso entendimento de "mudança organizacional" evoluiu

Um modelo útil para distinguir modelos mentais e abordagens de mudança vem de Marvin Weisbord. Ele mostra que existem quatro atitudes fundamentalmente distintas para a mudança organizacional que evoluíram ao longo dos últimos cem anos. Os métodos de mudança e ferramentas utilizadas evoluíram em paralelo com esses modelos de pensamento, sucessivamente, e em contextos históricos específicos.

Para a transformação em direção ao Beta, apenas a última abordagem mostrada aqui é suficiente: o trabalho sistêmico, organizado como um processo social.

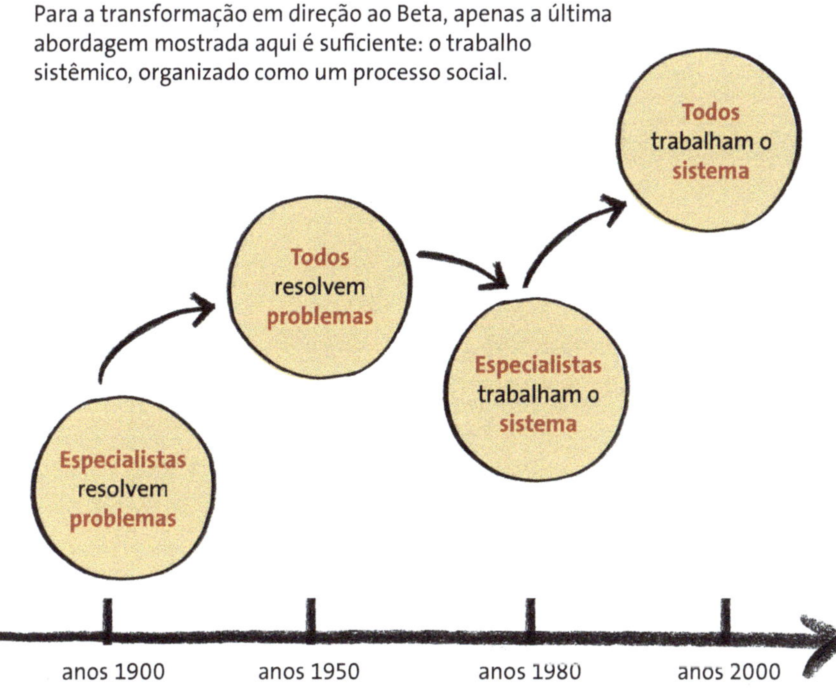

{ A tecnologia para agir sobre a mudança transformacional como um "processo social coletivo que afeta o sistema" é bastante recente: ela só evoluiu e amadureceu ao longo das últimas décadas. }

Teoria da evolução para organizações: A transformação faz parte da normalidade organizacional

Organizações não nascem no modelo Alpha. Eles evoluem para ele ou transformam-se nele.

O economista Friedrich Glasl explica este fenômeno com uma teoria de fases de desenvolvimento, através da qual uma organização pode evoluir. Contemplando isso, há três fases de evolução organizacional, e três tipos de transformação.

Alpha, nesse sentido, é um passo evolutivo típico que as organizações tomam. Apenas muito poucas organizações até agora conseguiram evitar esse estágio de "Diferenciação" por inteiro.

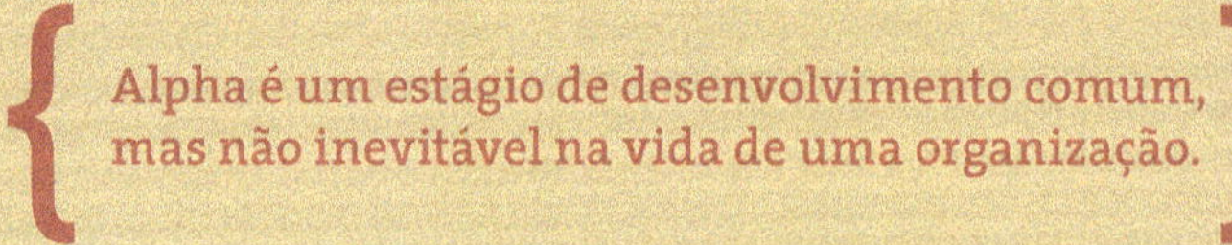

**1. Fase de Start-up
ou "Fase Pioneira"**

**3. Fase Beta ou
"Fase de Integração"**

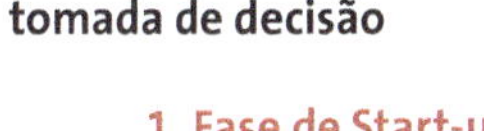

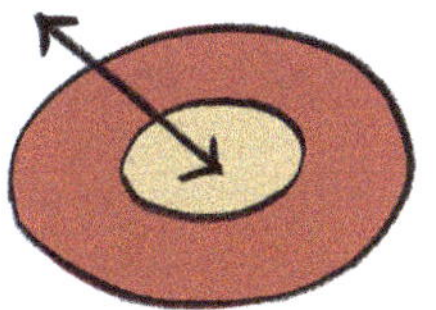

Alta densidade
social; desenvolvi-
mento do modelo
de negócios e da
estrutura de criação
de valor; estrutura
formal quase inexis-
tente, o que impor-
ta é a "química"; as
premissas "Teoria
Y" sobre a natureza
humana dominam

**2. Fase Alpha ou
"Fase de Diferenciação"**

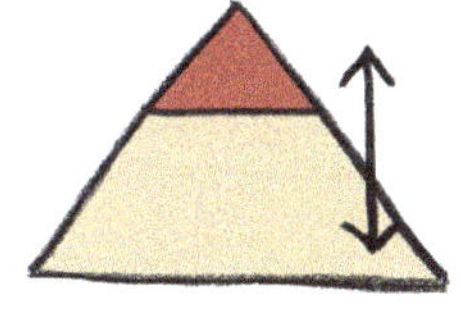

Provocado pelo crescimen-
to surgem hierarquização,
diferenciação funcional e
burocratização; as premissas "Teoria X" sobre a natureza humana começam
a dominar

A organização como
rede descentralizada
de células funcional-
mente/hierarquica-
mente integradas
que funcionam como
mini-empresas;
(retorno ás) premissas
da "Teoria Y" sobre
natureza humana

Os três tipos de transformação: Como organizações se tornam "Alpha" – e como podem deixar isso para trás

A maior parte das organizações já passou por uma transformação - ou se encontra bem no meio de uma.

Chamamos os três tipos de transformação organizacional de: "Burocratização", "Aprofundamento" e "Transformação Beta".

Como a centralização de decisão tornou-se um problema, devido á complexidade, organizações jovens e em crescimento precisam aprender como fazer Aprofundamento – achando uma maneira de evitar a fase Alpha.

Quase todas as organizações maiores e mais maduras precisam de Transformação Beta – o que significa integração hierárquica e funcional, combinada com a descentralização da tomada de decisão.

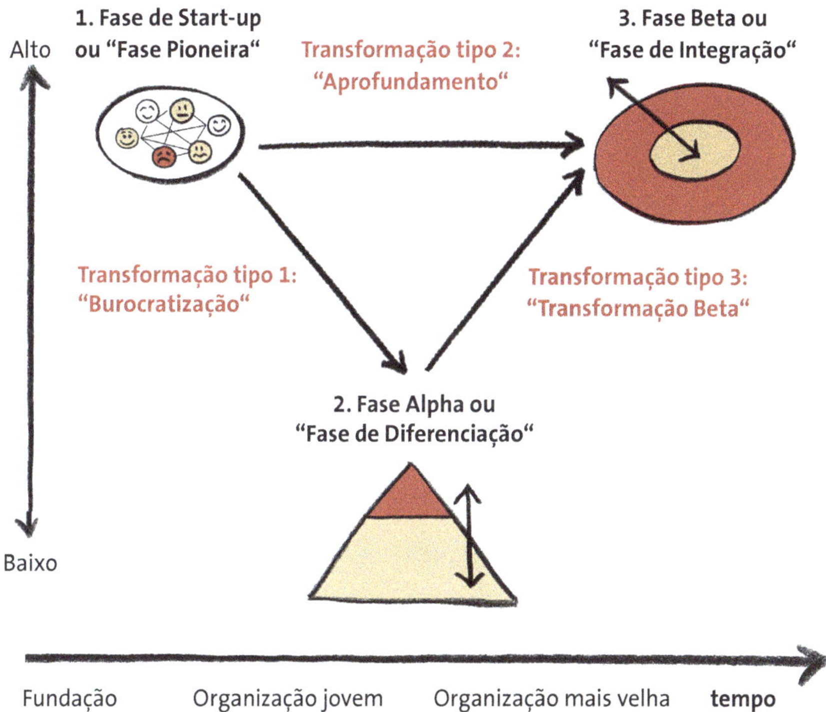

Grau de descentralização da tomada de decisão
Alto
Baixo
1. Fase de Start-up ou "Fase Pioneira"
Transformação tipo 2: "Aprofundamento"
3. Fase Beta ou "Fase de Integração"
Transformação tipo 1: "Burocratização"
Transformação tipo 3: "Transformação Beta"
2. Fase Alpha ou "Fase de Diferenciação"
Fundação
Organização jovem
Organização mais velha
tempo

De "start-up incrível" para "lugar alpha, comum": o fenômeno da sensibilidade ao vento lateral

A razão pela qual a maioria das organizações está em modo Alpha hoje, ou na fase de Diferenciação, é chamado de sensibilidade ao vento lateral.

Start-ups são "organizações Beta ingênuas". Elas raramente têm uma compreensão precisa do que as torna bem-sucedidas. Consequentemente, elas tendem a atribuir seu sucesso e seu alto desempenho aos seus produtos, ou a um modelo de negócio aparentemente superior.

Porém, mais cedo ou mais tarde, qualquer start-up bem-sucedida e em crescimento é decomposta em centro e periferia pela dinâmica externa. Ela reage a isso desenvolvendo hierarquização e diferenciação funcional - esse é o caminho para a fase Alpha. Ou, alternativamente, aprofundando seu modelo Beta, por meio de sucessivas divisões celulares.

A Burocratização normalmente acontece de surpresa. Assim como uma forte rajada de vento vindo aparentemente do nada pode derrubar um ciclista, essa transformação é provocada pelo próprio crescimento da organização e pela subsequente diminuição da densidade social. Mas as crises internas também tem um papel nessa historia: De repente, a fala da necessidade de "profissionalização" ganha força; melhores práticas externas são copiadas; consultores são contratados, processos e regras estabelecidas, estruturas formais são criadas para se opor ao "caos". Dessa forma, os princípios e as crenças Alpha estão sendo adotadas.

Todo mundo faz isso, então por que nós não vamos fazer?

Em contraste, a Transformação Beta pode ser alcançada somente por meio de adquirir um nível mais alto de auto-consciência coletiva. Há razões para isso. Até hoje, Alpha é o modelo organizacional padrão: o repertório Alpha pode ser aprendido e praticado praticamente em todos os lugares. Além disso, o inconsciente coletivo é ainda predominantemente moldado por idéias prédemocráticas. Mas o Beta requer lidar com poder e com comunicação em um nível superior de complexidade. Isto muitas vezes não é internalizado. Não está embutido nos reflexos.

{ Alpha é favorecido pela sensibilidade ao vento lateral. Beta não é. }

Passos para "Aprofundamento" e "Transformação Beta": 1º: torne tangível o Sentido de Urgência

O Sentido de Urgência é o entendimento emocional de que ação conjunta imediata é necessária. Emocional. Imediatamente. Juntos. A maioria das organizações nunca realizou movimentos de mudança baseados nesses princípios, deliberadamente.

Como vimos, através dos "Três Fs" e "Três Rs", se você quiser instigar mudança, não é suficiente mostrar o que precisa ser feito, mostrar os fatos explicitamente, ou explicar que a situação atual é terrível. Também é absurdo afirmar que (apenas) crises desencadeiam mudança. Para construir o momento e energia para a mudança, as pessoas têm que ser convencidas de que um futuro melhor é possível. Isso tem pouco a ver com conhecimento, apelos ou "soluções".

Não procure respostas, inicialmente. Evite se basear em estudos, relatórios e pesquisas. Não diminua a necessidade da mudança reduzindo-a para uma mera redução de custos. Em vez disso, tente a compreender o problema central emocionalmente. E mostre a todos por que a mudança não pode ser adiada. E por que o problema não pode ser resolvido em reuniões de portas fechadas, pela alta gestão ou por consultores.

Você vai sentir que você está no caminho certo para articular o sentido de urgência, uma vez que palavras como "nós", "agora" e "juntos" entram em jogo. Quando você está preparado para formular o sentido de urgência de maneira figurativa.

{ O sentido de urgência é mais do que falar sobre os fatos. }

2º: Encontre e unifique o "grupo núcleo" para se tornar uma coalizão para a mudança

Todo grupo social e toda organização de qualquer tamanho tem um grupo núcleo: um grupo de membros "que realmente importam ". Este grupo é um elemento da estrutura informal. Para que transformação possa acontecer, o grupo núcleo - ou uma parte relevante dele - tem de se unir e assumir a liderança do processo de mudança. Alternativamente, um novo grupo núcleo pode ser formado e reunido para liderar a mudança, formando um pacto para a mudança entre eles.

O guru de mudança, John Kotter, descreveu o processo de formação deste grupo líder em vários de seus livros, incluindo a fábula "Nosso iceberg está derretendo". Kotter chama o grupo núcleo de "Grupo de Coalizão" (guiding coalition).

A coalizão precisa incorporar diversidade. Diferentes níveis de influência: poder formal e informal, diferentes papéis, diferentes preferências, diferentes personagens e capacidades de comunicação. Somente com a diversidade e complementaridade entre eles, é que o grupo núcleo será capaz de utilizar toda a gama de possíveis intervenções transformadoras para dominar desafios e crises na transformação.

{ Toda organização já tem um grupo núcleo. Para Transformação Beta, este grupo precisa se unir e aprender a liderar a mudança complexa. O grupo precisa se tornar uma equipe. }

3º: Escreva uma carta para sua organização

Como salvaguarda contra vento lateral e como uma ferramenta para a transformação, uma auto-descrição é recomendada. A auto-descrição é a forma de colocar o senso de urgência por escrito, é o meio mais eficaz para organizar o trabalho de pensar e comunicar, atividades necessárias para uma mudança profunda acontecer. É o alicerce ideal para processos de transformação robustos.

Nós denominamos a auto-descrição de: "Carta a Nós Mesmos". Pode ser chamada, também, de "manifesto", "constituição", ou "caso de mudança" para sua empresa. **Qualquer organização após a fase de start-up deverá produzir este tipo de documento, em algum momento.**

A "Carta a Nós Mesmos" pode ter um tamanho de 20 a 40 páginas. Ela pode ser feita sob a forma de um pequeno livro. A "Carta" é para detalhar claramente por que a mudança é urgente e por que ela tem que acontecer agora; qual a origem da organização; e qual futuro melhor pode ter. A Carta, portanto, sempre descreve o passado, o presente e o futuro.

4º: Vá com a energia da mudança, e não contra ela. Saiba como enfrentar as 2 formas de resistência

A transformação organizacional como processo social prospera à medida que é feito conjuntamente por todos os membros da organização. Não por um comitê ou em reuniões a portas fechadas; não de cima para baixo; não por especialistas externos. Para que isso seja possível, a decisão formal de transformação tem de ser tomada o mais tarde possível. Ela só deve ser tomada quando praticamente todos estiverem cientes e forem capazes de se posicionar em relação ao sentido de urgência e à Carta a Nós Mesmos.

Transformação não pode ser nem planejada, nem programada. Ela requer espaço para a emergência. Portanto, esse processo vive da ressonância que ele mesmo gera dentro da organização.

Resistência em movimentos de transformação é natural. Tem que ter resistência: Caso contrário, a organização já teria se autotransformado, como num passe de mágica. Na abordagem de mudança emergente descrita aqui, a resistência é muito menos ampla e difusa daquilo do que tipicamente percebemos em mudanças planejadas. Aqui, duas formas básicas de resistência são relevantes, e ambas exigem para cada uma ação consistente e consequência. *O primeiro tipo é guiado pelo interesse próprio; nós o chamamos de resistência tática.* É relativamente escasso. *O segundo é guiado pelo medo do futuro e sentimentos de insegurança.* Nós o chamamos de resistência intuitiva. Este pode ser processado e resolvido pela utilização dos "Três Rs" já mencionados. O primeiro não pode.

> { A resistência à mudança é tão natural como a transpiração é no esporte. Com uma abordagem emergente para mudança, a resistência fica minimizada e viável. }

Beta versus Alpha: Comparando os dois modelos (lista infinita)

Beta

Vivo
Surpresa
Princípios
Estrutura de Criação de Valor/Fluxo
Princípios Teoria Y de natureza humana
Sistêmico
Descentralizado
Economias de Fluxo
Tecnologia: Liderança

Rede de células como "mini empresas"
Relações de criação de valor de fora para dentro/Puxe
Grupos de interesse formam um círculo virtuoso
Pessoas em primeiro lugar, os clientes segundo
"Mercado" (referência externa) está no poder
Integração funcional determina a estrutura
Estrutura Informal: cultivada, tem espaço
Liderança: descentralizada, temporária
Aqueles que lideram servem ás equipes e o conjunto
Todos tomam decisões importantes
Consultação dá estabilidade, é obrigatória
Robusto: elegante, melhor e mais barato
Apropriado, melhor qualidade e custo
O conjunto é a soma das interações
Decida o mais tarde possível
Recursos just-in-time, diálogo
Equipes contratam novos colegas
Baseado em equipe, auto-organização, pressão social
Transparência radical
Contratos de desempenho relativo, referência externa
Comparações realizado versus realizado
Todo mundo pensa e age, sempre
Participação nos resultados/no capital apoia conexão
Comemore sucesso e o fracasso, juntos
Pague a pessoa
Agile, Scrum, prototipagem rápida, Design Thinking

Alpha

Morto
Repetição
Regras
Estrutura formal/Comando
Princípios Teoria X de natureza humana
Mecanicista
Centralizado
Economias de Escala
Tecnologia: Gestão ("Management")

Funções, departamentos, divisões
Relações de poder de cima para baixo/Empurre
Grupos de interesse em eterno conflito
Clientes em primeiro lugar! Acionistas primeiro! Lucro!
"Gestão" (função interna) está no poder
Divisão funcional determina a estrutura
Estrutura informal: reprimida
Liderança: centralizada, vinculada à posição
Chefes governam por comando e controle
Executivos são pagos para tomar decisões
Processos proporcionam estabilidade, devem ser seguidos
Eficiente: Ocupação máxima, mais rápido e mais barato
Mais, maior, market share
O conjunto é a soma das partes
Decida o mais cedo possível
Recursos programados, orçamento
RH e chefes tomam decisões de contratação
Individualização, controle hierárquico, burocracia
Informação é poder
Contratos de desempenho fixo, negociados internamente
Comparações plano versus real
Estratégico versus operacional
Incentivos e sistemas de bônus produzem desempenho
Recompensa e punição
Pagamento por posição
Gerenciamento de projetos, Waterfall
Treinar o indivíduo, desenvolvimento de pessoas
Mudança é uma atividade controlada e temporária
Copiar as melhores práticas

Transformação:
um processo de "dupla hélice"

Um modelo de processo para mudar equipes ou organizações como um todo não consegue sozinho lidar com o desafio da Transformação Beta. Há uma outra, uma segunda dimensão da mudança, que não está relacionada com a organização como organismo social, mas que tem a ver com o caminho de transformação de cada individuo.

Os estilos de comunicação e padrões de comportamento de cada uma das pessoas precisam mudar. Assim, para alcançar transformação organizacional verdadeira, uma outra dimensão tem de ser acrescida ao quadro: um modelo de processo de mudança pessoal, ou individual.

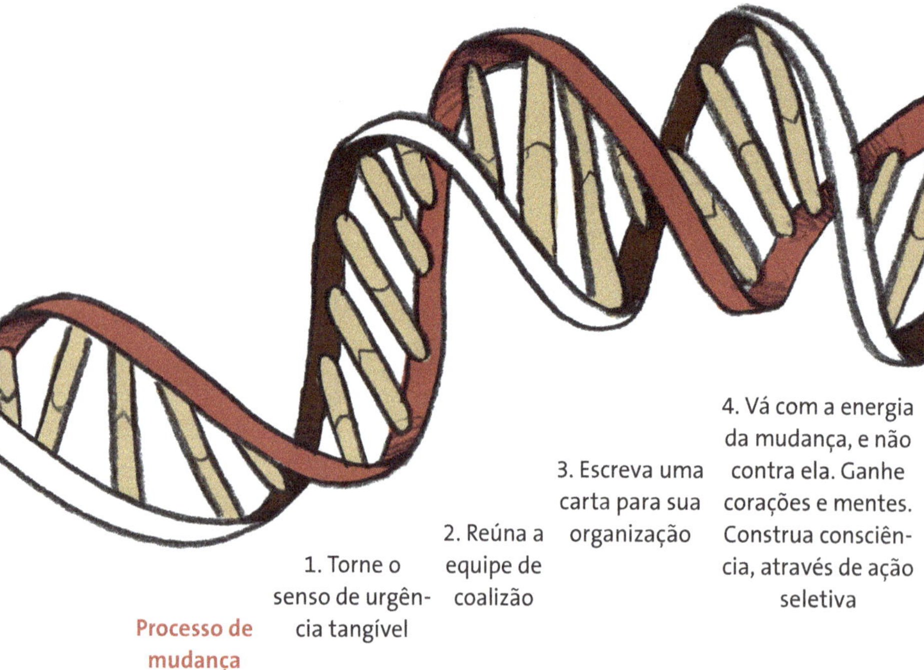

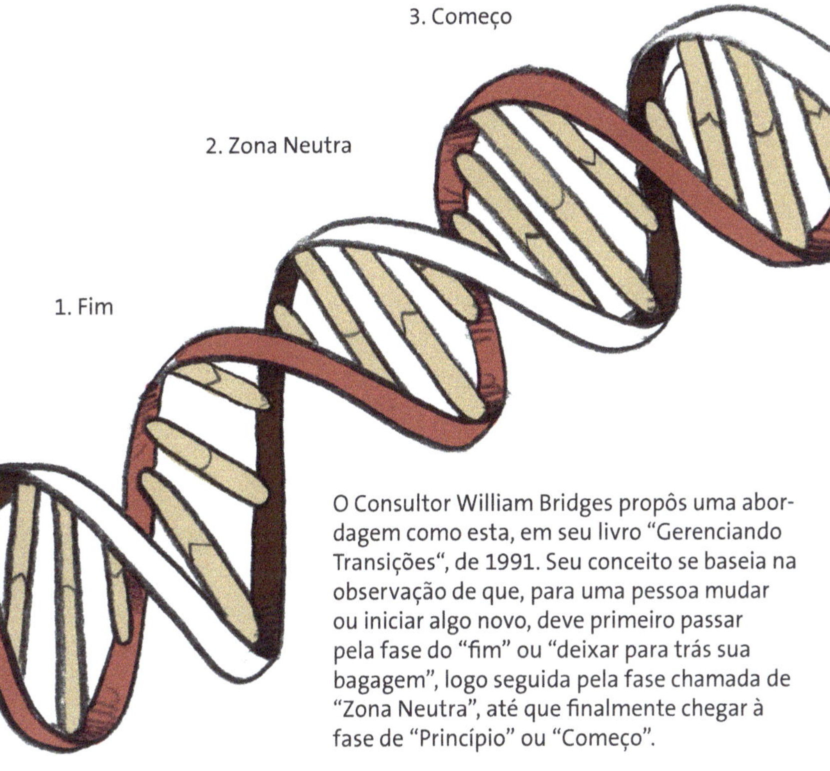

O Consultor William Bridges propôs uma abordagem como esta, em seu livro "Gerenciando Transições", de 1991. Seu conceito se baseia na observação de que, para uma pessoa mudar ou iniciar algo novo, deve primeiro passar pela fase do "fim" ou "deixar para trás sua bagagem", logo seguida pela fase chamada de "Zona Neutra", até que finalmente chegar à fase de "Princípio" ou "Começo".

Ao combinar isso com o quadro descrito nas páginas anteriores, surge um tipo de abordagem de iniciativa de mudança completamente novo: **Um em que as duas diferentes dimensões de mudança profunda - organizacional e pessoal - estão interligadas e inseparáveis.** Uma estrutura em dupla hélice para a transformação. Ela permite uma percepção rica e mais "realista" dos processos de mudança profunda.

> A transformação é sistêmica, dual e ligada por natureza. Portanto, ela ilude o gerenciamento de projetos. Ela pode, no entanto, ser liderada, guiada e apoiada por método.

Você quer fazer um passo para frente? Analise sua real influência pessoal – e saiba como usá-la

O velocímetro da Influência é uma ferramenta de pensamento que pode te ajudar a obter uma melhor compreensão de sua influência pessoal, dentro da sua organização.

Pergunte-se: Qual é o meu "poder"? O que e quem posso influenciar diretamente - ou indiretamente, para "jogar o jogo"? Quão rápido é a velocidade da mudança que eu posso esperar quando eu uso essa influência?

{ Não ter qualquer influência sobre a própria organização é a exceção, não a regra. Quase sempre é necessário "jogar a bola no rebote". }

Como dar uma cutucada na sua organização para ela se pôr o caminho da transformação

Muitos de nós nos sentimos impotentes diante do desafio que representa uma profunda mudança numa organização. No entanto, há três coisas que qualquer pessoa pode fazer para empurrar gentilmente a sua organização para o caminho do Beta.

Promover o diálogo construtivo e formar uma rede de contatos. Você é um membro da estrutura informal de sua organização. Aproveite desta estrutura para provocar a transformação. Você vai ver que não está sozinho! **Aproveite fóruns existentes para impulsos.** Toda organização cria fóruns de comunicação que podem ser aproveitados para estimular a transformação. Tais fóruns podem ser eventos e conferências, reuniões anuais, reuniões executivas e até mesmo festas de Natal. Quem são os responsáveis por estes fóruns? **Retire o que impede.** Muitas vezes, é mais fácil e requer menos influência eliminar obstáculos internos do que implementar algo completamente "novo". Isso não significa que tal higiene organizacional seria menos eficaz do que criar praticas novas.

Como utilizar a ferramenta de busca. Sempre responda as perguntas do "Quem?" primeiro: Quem são as pessoas que possuem influência relevante? Quem me aprecia? Quem têm habilidades relevantes para a mudança? Em seguida, vem o "Como?": Como é que estas pessoas podem ajudar? Como posso chegar nelas?"

Capitulo bônus

"O management é charlatanismo."

Uma entrevista

"O management é charlatanismo."

A entrevista foi conduzida por Winfried Kretschmer e Michael Kres

Sr. Pflaeging, você defende acabar com a gestão. Não é uma proposta bastante ousada? Não seria suficiente apenas melhorar a gestão?
Se você olhar para as empresas, sejam elas grandes ou pequenas fica claro que na maioria das vezes elas têm pouco a oferecer em termos de qualidade de vida ou de trabalho. Existem boas razões pelas quais muitas pessoas estão insatisfeitas com as condições de trabalho oferecidas a elas. Existe a famosa acomodação ou conformismo, que é uma reação às deficiências nas organizações. As pessoas estão deixando corporações, empresas grandes e pequenas em massa e optando pelo trabalho autônomo. A meu ver, esta angústia nas organizações, no trabalho, tem uma origem única, nomeadamente o fato de ainda tentarmos governar o trabalho com técnicas e métodos de comando e controle, ou seja, "gestão". Nós aderimos a um dogma de gestão que não é apropriado para as pessoas nas organizações, nem para investidores, nem para clientes, sociedade ou outras partes interessadas.

Acabar com a gestão não é ousado – já deveria ter sido feito há muito tempo!

O que há de errado com a gestão?? O que você está criticando?
Quase tudo está errado com A própria gestão está errada. Gosto de comparar a situação atual com o estado da medicina ou das artes de cura na Idade Média europeia. Naquela época, as pessoas quase nada sabiam sobre a origem das doenças, o conhecimento científico da antiguidade era ignorado ou se havia perdido, curandeiros e charlatões usavam métodos pré-científicos, frequentemente de inspiração religiosa, para tratamento de doenças. Naquela época, uma forma típica de tratamento era a sangria (flebotomia) – técnica

que nada fazia para promover a recuperação, mas que matava boa parte dos pacientes. Uma coisa horrível. Hoje, na área de liderança organizacional, estamos em um ponto de inflexão semelhante ao estado da medicina anterior ao Renascimento ainda estamos agarrados ao charlatanismo. Os clientes e funcionários são frequentemente sangrados por executivos com seus MBAs as consultorias de gestão sugam empresas inteiras. A maioria dos gerentes age com o melhor de seus conhecimentos e de boa fé.

No entanto, a gestão é um obstáculo e não é uma fonte de criação de valor para as organizações, funcionários e clientes. Problemas complexos não podem ser resolvidos com o repertório de gestão. Eles só pioram com as chamadas melhorias, otimizações, gerenciamento de custos e reorganizações.

O fato é que quase todos os aspectos da gestão corporativa devem mudar. Em organizações de qualquer tipo, precisamos de algo totalmente diferente do que associamos à gestão hoje.

O que exatamente você quer dizer com "gestão"?

Em primeiro lugar: gestão não é a mesma coisa que liderança. Alguns especialistas em gestão consideram que são equivalentes. Ignorar essa diferença significa interpretar mal a história da gestão corporativa. É como chamar iPads de máquinas de escrever! A liderança alcança algo totalmente diferente do que a gestão alcança. A gestão da tecnologia social da era industrial oferece algo bastante específico: é um modelo conceitual adequado para produzir eficiência em trabalhos repetitivos, padronizados e complicados. Portanto, é útil em condições específicas: quando é possível empregar o princípio da separação entre o pensar e o fazer.

Essa ideia básica remonta a Frederick W. Taylor e moldou nossa sociedade assim como algumas outras ideias – a teoria da evolução, por exemplo. Taylor propôs e concebeu métodos altamente eficazes para "libertar" grande parte da produção industrial, que naquela época ainda era incipiente, do ato de pensar; para transformar uma grande parte dos trabalhadores em "quase-máquinas" que não teriam mais que pensar, mas apenas executar. Um século atrás, essa era uma ideia verdadeiramente revolucionária. Prometia um salto quântico para a criação de valor industrial. Basicamente, uma grande coisa. A separação, pessoal, temporal e geográfica, do pensamento da ação tornou-se o princípio definidor da gestão.

Este foi seu núcleo engenhoso – e agora é sua fraqueza fatal. Hoje o princípio da divisão pessoal e temporal torna-se um obstáculo no caminho da inovação, qualidade, foco no cliente, eficiência de custos e orientação para o mercado – e, consequentemente, o tratamento eficaz da complexidade.

Seu argumento é: As premissas básicas estão erradas, porque o mundo mudou nos mais de cem anos desde que a gestão surgiu. Quais são essas suposições básicas?

A situação na era industrial era radicalmente diferente da situação atual. Naquela época, as empresas existiam em sociedades pré-democráticas e atuavam em mercados oligopolistas ou monopolistas que não eram, de forma alguma, globalizados e competitivos como os mercados de hoje. Nesta época, a educação era irregular e o trabalhador médio mal sabia ler ou escrever. A maioria das empresas poderia se dar ao luxo de forçar seus clientes e seus funcionários: Forçar os clientes a comprar e os funcionários a trabalhar. Gestão como tecnologia social, nasceu no seguinte contexto: o que hoje se ensina nas escolas de negócios bem como as práticas administrativas e de liderança prevalecentes nas empresas ou as práticas disseminadas pelos consultores de gestão, todas originadas na era industrial. Estamos nos apegando a conceitos que têm pouco em comum com a visão científica de hoje e com a realidade do mercado de hoje.

Se entendi corretamente, você está falando de duas suposições básicas. O primeiro está relacionado à natureza humana...
Sim, a premissa básica da gestão é uma percepção específica da natureza humana: de acordo com este conceito, em princípio, as pessoas estão fundamentalmente tentando evitar o trabalho e devem ser forçadas ou seduzidas executá-lo. Eles devem ser controlados. O princípio de Taylor de divisão hierárquica entre pensadores e executores está profundamente enraizado nesta teoria e, embora este princípio tenha sido eficaz durante a era industrial, infelizmente continua a ser a forma padrão de liderar organizações até hoje. Mesmo que saibamos que essa divisão não é mais adequada.

O desafio hoje é aprender a organizar o trabalho de acordo com realidades de mercado totalmente diferentes. Precisamos da motivação de todos os membros da organização, precisamos do espírito empreendedor que é inerente a todas as pessoas. Sabemos que esse impulso existe desde a pesquisa motivacional dos anos 1950 e 1960. Mas 90% das ferramentas, processos e hábitos de gestão são baseados em uma ideologia subordinada e superordenada, nesta visão totalmente enganosa natureza humana: Não podemos confiar nos funcionários, devemos forçá-los, incentivá-los e controlá-los externamente, caso contrário, o desempenho não ocorre. As coisas só funcionam quando os gerentes, quando os chefes, forçam, dão tudo mastigado, subornam etc., seus funcionários e subordinados. Este é o legado limitante da era industrial.

E essa visão da natureza humana está errada!
Certamente. As pessoas não são preguiçosas e letárgicas por si mesmas — mesmo que, naturalmente, possam se envolver em tal comportamento, se necessário. Elas não precisam ser forçadas a trabalhar. No entanto, esse preconceito profundamente arraigado sobre as pessoas e sua relação com o trabalho é o que mantém a gestão viva.

Qualquer pessoa que já aprendeu a acreditar no comando e controle terá grande dificuldade em ver as deficiências desses métodos e se afastar deles. São exemplos os processos controlados externamente: que deve haver orçamentos e gestão de custos; que avaliação e ou avaliações dos funcionários são boas, corretas e eficazes; ou que a gestão por objetivos e sistemas de incentivos são necessários para induzir o desempenho. Ninguém ofereceria ao seu cônjuge ou parceiro de vida uma avaliação anual de desempenho, do tipo: "Querida(o), vamos conversar um pouco sobre seus indicadores-chave de desempenho, sobre melhoria de desempenho, sobre seus objetivos para o próximo ano!" Não fazemos isso, nem acreditamos que tal coisa possa ser de alguma forma "eficaz". No entanto, nas empresas isso parece bastante natural para nós.

A premissa básica número dois é sobre as organizações e sua capacidade de controle. As organizações precisam de hierarquia?

O preconceito mencionado acima em relação ao conceito de natureza humana é também a base do pressuposto de que a hierarquia formal inevitavelmente desempenha o papel principal nas organizações. Se as pessoas fossem seres deficientes, que cronicamente tentam se afastar do trabalho, então naturalmente precisaríamos da hierarquia para manter a organização sob controle, à luz de todas essas pessoas com seus defeitos e deficiências.

Contudo, o segundo pressuposto básico errado tem a ver com a ilusão de controle – a crença de que podemos de alguma forma controlar o futuro e a complexidade de uma organização. É claro que essa é uma crença tola, mas veja como a maioria dos gerentes gasta seu tempo – e que tipo de metáforas são evocadas sobre as organizações. A afirmação de que as empresas se assemelham a orquestras é um exemplo. Orquestras e empresas têm muito pouco em comum, a não ser o fato de que ambas requerem naturalmente um número relativamente grande de pessoas. As orquestras interpretam em conjunto uma partitura existente; ao contrário, as empresas devem lidar com um futuro incerto. Elas atuam em mercados onde constantemente encontram problemas que nunca encontraram antes. Por necessidade, as empresas devem sempre se aventurar em algo novo que nunca encontraram antes. Eles não estão seguindo uma "partitura", não estão interpretando uma partitura pré-definida.

O futuro é imprevisível, é empreendedor. Entretanto o pensamento gerencial predominante está enraizado no dogma de que somos capazes de, de alguma forma, dominar o futuro e controlá-lo: só precisamos pensar em uma meta e fazer um plano de como podemos alcançá-la! A crença subjacente é que o futuro obedece aos nossos planos, previsíveis, controláveis. É claro que na realidade os mercados são altamente dinâmicos e surpreendentes. E quanto mais dinâmicos e complexos os mercados se tornam, aumentar o controle interno e ter planejamento econômico central encurralam as organizações.

Algumas décadas atrás, todos nós percebemos que o planejamento econômico central não é adequado para orientar ou governar as economias nacionais. No entanto, ainda não entendemos que o mesmo entendimento também se aplica a empresas e organizações em geral. Não progredimos ou melhoramos o desempenho com planejamento estratégico, orçamento, definição de metas e diretrizes fixas – simplesmente porque simplesmente o futuro não é previsível e as organizações são sistemas complexos.

A gestão para empresas é algo semelhante à economia soviética. As metas são fixas, os incentivos estão atrelados às metas e, de maneira geral, busca-se ter os funcionários sob controle, para que sigam esses planos, cotas, orçamentos e objetivos. Combinado com um aparato de supressão total e medo, sempre que necessário. Isso é soviético no coração. Esta é a economia soviética – e nós a chamamos de gestão!

A gentil coerção que acontece uma vez que organizações mais jovens e mais planas se tornam mais eficazes e produtivas, não seria suficiente para erradicar a gestão, com o tempo? Ou precisamos de algo como uma revolução nas empresas existentes?

Não acredito que a "coerção suave" seja uma abordagem de mudança capaz de desencadear o efeito transformacional necessário em organizações em todo o mundo. A gestão é uma mentalidade que não irá embora por si só. Todos nós carregamos modelos mentais que possibilitam que nós, seres humanos, sobrevivamos em um ambiente complexo. E aprendemos a resolver problemas de uma maneira específica, a trabalhar juntos nas organizações de uma maneira específica. Se agora quisermos mudar isso, porque os métodos antigos não funcionam mais, seremos confrontados com o problema de como gerar aprendizagem coletiva.

Se o modelo de "gestão" mental não é mais útil, então, em primeiro lugar, isso significa que devemos aceitar esse fato e, posteriormente, devemos mudar nosso pensamento. Todos nós devemos desaprender e aprender coisas novas. Contudo, esse reconhecimento ainda é bastante incomum. No nível organizacional, isso equivale a uma revolução de liderança, de fato. Mas, no nível individual, isso não requer uma revolução, ao contrário, requer um processo de aprendizagem, uma variedade de etapas de aprendizagem, ao final das quais a pessoa percebe que pensa de forma diferente e assim pode acessar outros repertórios comportamentais mais eficazes.

Um dos meus clientes de consultoria descreveu esse processo de transformação individual assim: Uma pessoa nesta fase de aprendizado frequentemente experimentaria flashes de insight, ou seja, momentos inesperados de conhecimento, nos quais novas possibilidades comportamentais mais eficazes se abrem. No entanto, entre esses lampejos encorajadores de percepção, a pessoa também experimentaria recaídas contínuas em antigos padrões de comportamento – o que, por sua vez, pode ser um tanto desanimador.

Portanto, é melhor encontrarmos um caminho diferente do que apenas esperar por pressão ou estímulo externo para fazer a mudança acontecer para nós. É melhor procurarmos maneiras de gerar esses momentos de flash e aumentar sua frequência. Nesse sentido, o fato de haver algumas organizações pioneiras que já trilharam esse caminho ajuda, mas não é suficiente. Existem muitos exemplos de organizações que se transformaram ou que mantiveram um modelo organizacional "Beta" ao longo de sua existência e com o qual se pode aprender. Mas a transformação dentro de uma organização existente também requer método.

Quanto tempo você dá às estruturas econômicas centrais existentes nas empresas?

Cabe ao poder dos mercados determinar por quanto tempo as empresas individuais que seguem o dogma da gestão ou comando e controle, ainda serão capazes de sobreviver. Em última análise, os mercados acabarão com a gestão como a conhecemos hoje. Em algumas indústrias, esse processo de deslocamento já está bem encaminhado, por exemplo, na indústria automotiva global. Ou considere o mercado de drogarias alemão, onde o antigo líder de mercado, Schlecker, foi varrido do mercado por pressão de concorrentes não administrados, como a dm-drogerie markt. O antigo modelo organizacional causa seu próprio fim.

Após 100 anos de gestão, estamos nos aproximando de uma mudança geracional nos paradigmas de liderança organizacional. Estamos nos aproximando de um renascimento do trabalho e das organizações.

Você já trabalhou como controller e experimentou grandes corporações em primeira mão. Naquela época, qual foi a experiência-chave que despertou sua convicção de que a gestão é supérflua?

Basicamente, houve dois tipos de experiências-chave. Por um lado, como gerente financeiro, tive um momento importante, uma epifania. Depois de vários anos no negócio, eu simplesmente não conseguia ajudar a empresa e foi ai que entendi que os instrumentos e métodos, como planejamento orçamentário, estratégia, relatórios gerenciais, previsões – ou seja, todo o sistema de planejamento e relatórios – não funcionam. Sistemas de gerenciamento de desempenho comuns, em geral, incluindo aqueles que são gerenciados pelas áreas de recursos humanos, não produzem nenhum alinhamento, nem eficiência, nem insight, nem diálogo. Sem falar na melhoria! Eles apenas produziam inércia, fadiga e desmotivação.

Além disso, houve a experiência pessoal com chefes e executivos, por meio da qual percebi as muitas maneiras diferentes em que a direção e o controle hierárquico costumavam falhar. Essa noção de que os chefes devem sempre saber e estar sempre no comando, que as decisões feitas por eles são sempre melhores das que seus funcionários – isso não funcionou de forma alguma, independentemente de onde eu olhei e a quem ouvi.

Hoje, em minha função de consultor, continuo observando que a comunicação nas organizações em quase todos os lugares ocorre de maneira muito unilateral e que raramente coloca as pessoas em pé de igualdade. Principalmente quando pessoas e equipes ficam sob pressão, o que é muito comum. Consequentemente, há falta de aprendizado, falta de espaço para desenvolver a maestria e falta de espaço para mecanismos sociais de correção.

A coisa certa, a coisa sensata, geralmente não consegue forçar seu caminho. Essa falha de "comando e controle" pode ser observada em praticamente todos os lugares, em todos os tipos de organizações. Todos nós conhecemos e reconhecemos os sintomas. É por isso que livros como "Como trabalhar para um idiota" ou "Chega de babaquice" são best-sellers.

O que acontece quando a gestão é eliminada? O caos total é instaurado? O que isso significa para os gerentes?

Para colocar o gerenciamento no monte de lixo da história, não precisamos mandar os gerentes para o paredão.! A questão realmente não é se livrar dos gerentes, mas sim abolir a tecnologia da gestão. Pense no que aconteceu com as máquinas de escrever: ninguém precisa mais de uma máquina de escrever. Ainda estamos escrevendo, talvez mais do que nunca – no entanto, estamos escrevendo usando PCs, laptops, tablets, celulares, todos os tipos de gadgets. A mudança crucial associada à transição da gestão para uma organização mais contemporânea e robusta à complexidade consiste em abolir a divisão entre aqueles que pensam e aqueles que agem: em tal organização, todos terão permissão para pensar, podem pensar, e de repente espera-se que pensem o tempo todo. Isso é decididamente repleto de consequências e não é tão fácil de imaginar para a maioria das pessoas nas empresas de hoje com seus rituais, dogmas, processos, regras e ferramentas de gestão!

No novo dogma, não são apenas alguns gerentes que pensam; talvez haja milhares de pessoas que estão pensando. Em tal organização, a necessidade de transparência e coordenação genuína de equipe – não é coordenação por meio de chefes – se desenvolve muito rapidamente. Ocorre uma maior densidade social, assim como uma pressão de grupo mais construtiva. Mais inteligência coletiva, mais auto-organização, mais divergência.

Mas deve haver alguém que tenha a visão geral – o quadro geral.
Muitos em uma organização devem ter uma visão geral, o ideal é que todos tenham uma visão geral. Mas, para deixar o comando e controle para trás, a supervisão não deve estar associada ao poder de fiscalização. Com soberania decisória e poder sobre tudo e todos. Na redação de um jornal, por exemplo, o editor-chefe e o gerente de edição, ambos supervisionam. Eles são embaixadores do quadro geral. No entanto, eles não tomam todas as decisões. Pelo contrário. E nas reuniões editoriais diárias, todos, na verdade é esperado que todos pensem por si próprios e se manifestem.

Por que você fala de empresas Alpha e empresas Beta?
À primeira vista, a distinção entre Alpha e Beta, entre gestão e liderança real, pode parecer um tanto complicada. Por outro lado, são necessários termos e distinções precisas no contexto organizacional para que as pessoas possam pensar o novo e distingui-lo do antigo.

Isso tem a ver com "marca" – no sentido original da palavra: Originalmente marca se referia à marcação do gado com marcas que identificariam o proprietário, ou seja, a marca do proprietário. Um fazendeiro marcou seu próprio gado para diferenciá-lo do gado de outros fazendeiros. Precisamos do mesmo conceito agora nas organizações, nas empresas: para uma mudança profunda, as pessoas precisam ser capazes de diferenciar o que é a gestão Alpha, por um lado – ou seja, práticas, rituais, conceitos, dogmas que causam ou perpetuam a divisão entre pensar e fazer. E o que é liderança Beta, por outro lado. A maioria das empresas, gerentes e fundadores nem mesmo estão cientes de que existem dois modelos distintos de liderança organizacional. Um antigo que fez um trabalho extraordinariamente bom na era industrial e um novo que se adapta aos mercados e à complexidade de hoje.

Em meu trabalho transformacional durante a última década ou mais, notei que as pessoas se tornam melhores e mais rápidas em reconhecer, aprender e praticar consistentemente o novo modo se constantemente sobrepor este novo modo ao antigo. Devemos aprender a ver a distinção.

O que isso significa, especificamente?

Um exemplo: há cerca de 40 anos, vivenciamos a chamada terceira revolução na indústria automotiva, que foi principalmente associada à ascensão da Toyota. Muitos queriam copiar o sucesso do modelo Toyota, que significa sucesso holístico e a mais alta eficiência. No entanto: o fato de os chamados cordões sinalizadores (com os quais os trabalhadores poderiam parar a linha de produção sozinhos, se necessário, como na Toyota) terem sido sucessivamente adotados por fábricas de automóveis em todo o mundo, não significava, mesmo com uma imaginação enorme, que o jeito Toyota, o pensamento Toyota e a cultura Toyota foram introduzidos. Em uma organização moldada pelo medo, essas linhas na verdade não fazem muito sentido, porque puxar a corda pode resultar em represálias e pode ser interpretado como uma admissão de fracasso.

Organizações fortes em lidar com a complexidade como a da Toyota, não fazem uso de ferramentas simplesmente. Não agem por meio de ferramentas. É composta por uma variedade de princípios, de centenas de conceitos, com os quais todos os funcionários, incluindo os executivos, devem estar absolutamente comprometidos. Que todos os membros da organização os mantenham firmes em seus corações e mentes. Para criar um processo de transformação para uma cultura de alta performance, devemos entender o que move os dois modelos de liderança organizacional: taylorístico, hierárquico-burocrático – modelo "Alpha", otimizado para o controle externo. E o modelo Beta, moldado para autocontrole, descentralização e responsabilidade compartilhada.

No mundo corporativo de hoje, o Alpha ainda é o padrão, o Beta é a exceção. Toyota é uma dessas exceções – e tem sido por 50 anos. Em mercados dinâmicos e de muitos concorrentes, as empresas Alpha não conseguem lidar com a pressão competitiva que as empresas Beta exercem por meio de seu alto desempenho. No entanto: Somente aqueles que estão conscientes do antigo podem enfrentar o novo. Mais do que nunca, o alto desempenho sustentável é impulsionado não pela qualidade dos produtos e serviços, mas pela adequação dos modelos organizacionais.

Como saber se uma organização é Alpha ou Beta?

É muito simples, realmente – existem muitos sintomas que são típicos para o respectivo modelo. Nos últimos anos, tenho vivido nos EUA em meio período e muitas vezes faço compras lá em uma mercearia chamada Trader Joe's. Esta rede de varejo pertence à holding alemã Aldi, mas é um pouco diferente da sua congênere europeia. Cada filial parece uma mercearia local – em sua aparência, ela reflete a área ou vizinhança onde está localizada. Isso tem um efeito muito informal e agradável. Isso sem falar na alta qualidade dos produtos e nos preços sensacionais em relação a outros supermercados. Agora, se você deseja descobrir se esta é uma empresa Beta ou uma empresa Alpha, normalmente você só precisa fazer algumas perguntas aos funcionários. Confronte-os com um problema. Em uma organização Beta, como a Trader Joe's, na maioria das vezes você simplesmente obtém respostas inteligentes e atenciosas de cada funcionário. Na Trader Joe's, o funcionário sabe da sua responsabilidade e a assume. Em uma empresa Beta, ninguém diz: "Não sou responsável por isso!", "É assim que as coisas são por aqui.", "Não posso fazer nada a respeito". ou: "Você ainda pode registrar uma reclamação com a gerência!"

No entanto, em organizações Beta podem ocorrer incidentes curiosos, que em outro lugar seriam quase inexplicáveis. Veja a Southwest Airlines, também uma organização Beta madura. Há alguns anos, na Southwest, uma comissária de bordo solicitou que uma passageira saísse do avião, porque ela considerava sua saia muito curta. Muito sexy. Essa mulher, de minissaia, percorreu os talk shows dos Estados Unidos e causou um certo rebuliço com sua história sobre como não havia sido tratada "adequadamente" pela empresa e como havia sido discriminada. A Southwest, no entanto, manteve seu princípio: os comissários de bordo tomam uma ampla gama de decisões por si próprios e devem sempre agir como se a empresa pertencesse a eles. Portanto, quando os funcionários pensam por si próprios e tomam decisões empresariais de forma autônoma, você deve sempre assumir a responsabilidade conjunta por essas decisões, mesmo que você ou outros membros da organização teriam decidido de forma diferente.

É aqui que ocorre o atrito, o aprendizado e grande parte da inteligência coletiva. No Handelsbanken, um banco universal europeu com sede na Suécia, eles se orgulham de não operar call centers; O Handelsbanken acredita que as pessoas em uma estrutura de call center não podem pensar e agir de maneira eficaz, de maneira empreendedora. No Handelsbanken, Southwest ou Trader Joe's, eles não fariam nem podem fazer exercícios de planejamento anual porque não querem proteger seu próprio pessoal!

Uma organização do tipo "Beta" produz muitas dessas histórias: peculiaridades, práticas incomuns, pelas quais podem ser instantaneamente reconhecidas entre tantas organizações super e sub-administradas.

Uma história contada por Goetz Werner, cofundador da empresa e principal proprietário, ilustra bem a atitude que chamo de BetaCodex. Werner diz que, até a década de 1980, ele se considerava um bom gerente quando era capaz de dar uma resposta a qualquer funcionário que surgisse com uma pergunta. Afinal, um bom chefe conhece naturalmente as coisas melhor e deve ser decisivo, certo?

Então, Werner reconheceu que havia uma grande diferença entre essa atitude e a liderança genuína. Ele percebeu que seria melhor se as pessoas que lhe perguntasse algo não saíssem de seu escritório com respostas prontas, mas sim com cinco novas perguntas muito boas. Os funcionários não devem seguir! Eles devem definir opções e soluções por si próprios, assumir responsabilidades e avaliar os riscos. Ele queria colocá-los em um permanente processo de pensamento e aprendizagem. Essa é a essência do trabalho de liderança.

Então, como é uma empresa como a DM estaria hoje, vinte anos após a transformação em uma organização Beta?

Há algum tempo, tive a oportunidade de participar de uma conferência interna sobre liderança de DM com aproximadamente 200 executivos. No evento achei notável o quão alto é o nível de reflexão e autoconsciência geral desta empresa, em comparação com outras empresas que conheci no meu trabalho de consultoria. A diferença foi impressionante.

Em geral, pode-se dizer que as organizações Beta produzem muito mais disciplina coletiva e criam um lugar para a razão, não para a obediência. As pessoas agem com muito mais consideração, mas também com muito mais questionamento e divergência. Eu parafrasearia isso com "profissional e culto". Os funcionários da DM, do Handelsbanken ou da Toyota geralmente têm uma compreensão sensacionalmente clara do que os torna bem-sucedidos em conjunto, de como o valor é criado e de como funciona o desempenho.

Você associa as organizações Beta a um conceito que você chama de conexão. Explique este termo para nós com mais detalhes.

Basicamente, as empresas são os parques de aventura mais legais do mundo. Eles são constantemente confrontados com muitos problemas que precisam ser resolvidos. Para pessoas inteligentes e que aprendem, este é o melhor terreno fértil para entusiasmo, estimulação e desafio intelectual. E também para criar um senso de identidade ou propósito. As organizações Alpha são desenhadas e administradas de tal maneira que nem mesmo permitem que todos os seus funcionários cheguem perto dos problemas. Aqui, o paradigma prevalecente é que os problemas devem ser funcionalmente divididos, as peças alocadas às funções e tratadas de forma padronizada, previsível e de acordo com a ordem hierárquica. Este paradigma leva a um desperdício incrível de desafio, motivação, potencial criativo e, em última análise, prazer no trabalho.

As organizações Beta abordam tudo isso de maneira diferente. Eles confrontam muitos, até mesmo todos os membros da organização com problemas. Eles organizam a inovação de tal forma que, em última análise, cada pessoa participa e colabora e assim conecta sua motivação ao propósito do trabalho. Cada dia e todos os dias. Google e W.L.Gore são exemplos notáveis entre as organizações Beta, a esse respeito. Nessas empresas, cada funcionário pode e deve iniciar projetos de pesquisa e desenvolvimento; os recursos financeiros devem seguir as ideias, e não ao contrário. Não alocação mecânica e orçamentos, e sim pessoas com ideias. Dessa forma, as pessoas têm muito mais probabilidade de se conectar com o propósito da organização.

As pessoas se apegam ao poder. Como a questão do poder se encaixa no contexto de uma organização Beta?

Frequentemente me perguntam isso. Provavelmente porque somos levados pelo equívoco de que apenas uma quantidade limitada de energia está disponível em qualquer organização. Em uma organização Alpha, os gerentes têm o poder, todos os outros são impotentes. Isso é taylorismo clássico. Agora, uma suspeita muito comum é que os gerentes que dividem o poder com os membros da equipe em uma organização Beta vão perder parte de seu poder. Mas o poder certamente não é um jogo de soma zero. Se eu compartilho meu poder com outras pessoas, podemos ganhar poder geral como uma equipe porque podemos ter mais sucesso trabalhando juntos – e, portanto, ganhar influência coletivamente. Quando começamos a definir o poder como uma influência compartilhada nas estruturas informais e na de criação de valor, fica claro que o poder em uma hierarquia administrada é oco e vazio. É por isso que muitas vezes os gerentes nas organizações Alpha são figuras trágicas, acima de tudo.

O modelo Beta também pode ser aplicado a setores menos complexos?

Quanto mais complexa é a criação de valor da organização, mais significativas são as vantagens de uma organização Beta. Entretanto, não devemos igualar a complexidade dos produtos com a complexidade da criação de valor. A complexidade na criação de valor agora está tendo um efeito em todos os lugares, mesmo em setores tradicionalmente de movimento relativamente lento, como o de seguros ou de energia.

Encontramos Beta pioneiros em todas as indústrias possíveis. Com a Toyota, há pelo menos um Beta fabricante automotivo – esta é provavelmente uma das indústrias de manufatura mais complexas que existem. Há um banco que atua há mais de 40 anos de acordo com o BetaCodex. Uma companhia aérea. Várias empresas de varejo, fabricantes de bens de consumo e prestadores de serviços. Encontramos Google, SAS, Valve e outros pioneiros Beta entre empresas de Internet e software. Ou considere a W.L.Gore, uma empresa de tecnologia altamente inovadora. No setor de saúde, encontramos a DaVita, o provedor de diálise dos EUA.

O modelo Beta não privilegia potencialmente os bem-educados, aqueles que podem se estabelecer em um ambiente altamente profissional?

Somente se você assumir que uma boa educação gera quase automaticamente a capacidade de pensar por si mesmo e de agir de maneira responsável e empreendedora. Mas é provável que seja uma suposição incorreta. Qualquer criança em idade pré-escolar hoje tem mais desejo de aprender e assumir responsabilidades do que os já formados no ensino médio, que desde cedo teve esse desejo e essa capacidade expulsos de si pelo nosso sistema de escolaridade e educação. Os sistemas de ensino superior caminham com o mesmo espírito. No sistema educacional, encontramos precisamente os mesmos modelos mentais paralisantes da era industrial que encontramos no trabalho e nas organizações.

Além disso, as organizações intensificam seus problemas aplicando procedimentos de seleção e contratação que dão muita atenção à qualificação técnica e experiência, em vez de atitude, constelações de equipe e adequação cultural. Vários pioneiros do Beta, como a Southwest Airlines, mudaram essas premissas há muito tempo. Na Southwest, eles avaliam a atitude e a "adequação" cultural dos candidatos a empregos significativamente mais elevados do que as qualificações técnicas. Consequentemente, eles pararam de contratar pessoas que antes trabalhavam como comissários de bordo em outras companhias aéreas, já que muitas vezes elas eram "estragadas" pelas culturas muito menos empreendedoras dos concorrentes. O sucesso econômico sustentado (não apenas) da Southwest ao longo das últimas quatro décadas nessa indústria extremamente difícil indica que a empresa está no caminho certo.

Então, como devemos imaginar a transição de Alpha para Beta? Quem inicia esse processo de mudança?

Quem inicia o processo ou quem lança a primeira bola não é tão importante. Entretanto, a alta administração deve pegar a bola e dizer: "Queremos entender, devemos descobrir por que não resolvemos mais nossos problemas do modo antigo, por que nossas iniciativas de mudança estão se tornando cada vez menos bem-sucedidas e porque nossos funcionários aparentam estarem desanimados e desmotivados. "A alta administração deve querer entender por que o caminho anterior terminou e como um modelo organizacional alternativo poderia funcionar. Então, a alta administração deve assumir a responsabilidade pelo próprio processo. Simplesmente "apoiar" ou "endossar" à distância não é suficiente!

Quais são os próximos passos?

Existem dois caminhos. Por um lado, encontramos organizações Beta onde indivíduos iniciaram e conduziram esse tipo de transformação. Eu chamo essas figuras de "luzes brilhantes". Goetz Werner da dm-drogerie markt, Dr. Jan Wallander do Handelsbanken, Taiichi Ohno da Toyota ou Ricardo Semler da Semco do Brasil – essas são ou foram luzes brilhantes. Eles são gênios absolutos, que com muita energia e carisma iniciaram mudanças de longo alcance em suas organizações. Contudo, eles também entenderam onde ação enfática e determinação eram necessárias.

Naturalmente, existem apenas alguns desses gênios da mudança. Luzes brilhantes são raras! Assim, nas organizações de hoje, como regra, devemos acreditar em outra coisa – ou seja, em grupos centrais ou coalizões de orientação daqueles que estão dispostos a liderar a transformação. Essa coalizão orientadora seria constituída com várias pessoas que, em conjunto, trazem consigo as habilidades essenciais de mudança, como assertividade, paixão, influência informal, poder formal e habilidade intelectual. Não em uma única pessoa, e sim como equipe. O especialista americano em mudanças, John Kotter, descreveu de maneira nítida e compreensível como deve ser essa abordagem para mudanças profundas.

Por que ainda não vemos muitas outras organizações Beta?

Temos um problema de pensamento. É difícil para a maioria das pessoas contemplar o desempenho e o sucesso da organização de forma eficaz, porque suas ferramentas conceituais ou seus "modelos mentais", como Max Weber os chamou, são moldados por modelos mentais Alpha obsoletos ou dogmas de gestão, e não são mais adequados para resolver problemas.

Não é realmente culpa de ninguém que o pensamento Alpha, até hoje, continue sendo o modelo padrão de liderança organizacional. Vejamos alguns exemplos: 90% da gestão de risco consiste em métodos que não reduzem, ao contrário, geram e promovem riscos. A gestão de qualidade quase sempre é ineficaz. A gestão de custos é consistentemente ineficaz e prejudicial – assemelha-se ao "faz de conta". Estruturas formais induzem falta de coordenação e pensamento isolado. Os sistemas de remuneração causam os próprios problemas que professam resolver. Isso não significa que gestão de risco, qualidade e custos, estrutura e remuneração não são importantes. No entanto, a maneira como as organizações Alpha estão lidando com essas questões parecem um pouco como se ainda estivéssemos tratando doenças hoje com sangria e lavagem intestinal.

Nas condições da era industrial – em mercados fracos e com criação de valor de complexidade relativamente baixa, ganhos de eficiência poderiam ser alcançados com métodos de gestão como padrões, regras e planejamento. Mesmo que esses métodos, ainda então, não fossem considerados moralmente inquestionáveis. Nesse ínterim, esses métodos se tornaram um problema de várias maneiras – tanto econômica quanto moralmente. Para a maioria dos gerentes, é preciso algum esforço para imaginar alternativas. Uma alternativa para gestão de custos, por exemplo. Ou: como seriam as estruturas organizacionais mais eficazes, sem divisão funcional e além do organograma usual? Como as equipes melhoram o desempenho sem comparações de metas fixas e pré-definidas, e comparações de orçamento: planejado X real? Como liderar sem tomar decisões? Em todas essas áreas, há uma necessidade séria de desenvolvimento e aprendizagem.

Isso significa que os gerentes e os profissionais, nem mesmo conhecem as alternativas que provavelmente já existem há décadas?

Pelo menos eles não podem imaginar facilmente essas alternativas dentro do contexto de suas próprias organizações, ou compreender de forma prática como essas alternativas poderiam ser aplicadas a seus próprios problemas. Naturalmente, você pode enviar gerentes da General Motors, da Fiat ou da VW para visitar a Toyota. Tudo isso foi feito no passado. Isso foi feito há 30 ou 40 anos. Os gerentes voaram em massa para o Japão para ver o "milagre da produtividade japonesa" – principalmente para descobrir o que a Toyota fez. A maioria desses gerentes visitou as fábricas da Toyota enquanto estavam lá. O que eles aprenderam lá? Não muito. Na maioria das vezes, eles simplesmente não conseguiam ver ou entender o modelo que lhes era explicado. Mas também não é fácil compreender um tipo de pensamento diferente. É quase impossível descrever a criação de valor Beta e a lógica Beta usando a terminologia e a linguagem Alpha, e com a lógica Alpha em sua cabeça.

Há aquela anedota de um gerente da General Motors que acabara de voltar do Japão e que afirmava firmemente que os japoneses haviam mostrado ao seu grupo de visitantes fábricas "falsas" – imitações de fábricas, por assim dizer. Ele também provaria isso – principalmente pelo fato de que essas supostas fábricas nem mesmo mantinham nenhum estoque e nem inventário!

Podemos dizer: até hoje, a maioria das organizações aprenderam pouco com a Toyota e outros pioneiros do modelo Beta. Eles imitaram algo do que era óbvio. No entanto, eles normalmente não foram capazes de copiar o pensamento Beta – e é isso que eles deveriam ter aprendido. E isso não é algo que você pode aprender apenas assistindo. Se alguém fosse à DM-drogerie markt quisesse descrever o modelo de liderança com vocabulário de gerenciamento padrão ou atribuir as práticas da DM-drogerie markt a ferramentas clássicas de gerenciamento, ele ou ela inevitavelmente fracassaria.

Como você avalia a capacidade de repensar nas organizações?

Repetidamente, encontro gerentes que muito rapidamente conseguem pensar em si mesmos no BetaCodex.

Há alguns anos, fui convidado a me reunir com altos executivos de um grupo bancário italiano com cerca de 10.000 funcionários. Expliquei o modelo organizacional do BetaCodex e do Handelsbanken ao CEO e sua equipe. O CEO era um homem muito objetivo, racional e pensativo. Ele ouviu com atenção, mas não falou muito. Portanto, durante toda a reunião não tive certeza do que ele pensava sobre o assunto.

Depois de uma hora e meia, ele disse: "Agora entendo o modelo do Handelsbanken. Esta é precisamente a filosofia de que precisamos, mas que não temos hoje, e que é tão infinitamente difícil para nós entendermos." E ele continuou: "Com relação a alguns problemas técnicos de nossa indústria, simplesmente não consigo imaginar como eles podem ser resolvidos no modo Beta. Contudo, se o Handelsbanken pratica isso com sucesso, então muito provavelmente deve haver soluções alternativas para esses problemas técnicos." Em outras palavras, ele imediatamente começou a pensar em si mesmo nessa nova lógica que ainda era muito estranha para ele.

Sem essa disposição de aprender a resolver problemas de forma diferente, com um novo tipo de pensamento, a transformação não é possível.

O restante

Para ir mais a fundo

(Como continuar a trajetória)

Leitura recomendada

Haeckel, Stephan: Adaptive Enterprise – Creating and Leading Sense-And-Respond Organizations. HBRP, 1999

Kleiner, Art: The Age of Heretics: A History of the Radical Thinkers Who Reinvented Corporate Management. Jossey-Bass, 2nd edition, 2008

Kotter, John: Liderando Mudanças. Campus, 2013

Kotter, John/Rathgeber, Holger: Nosso Iceberg Está Derretendo. Mude e Seja BemSucedido em Condições Adversas. Best Seller, 2007

McGregor, Douglas: O Lado Humano da Empresa, Martins Fontes, 1999

Mintzberg, Henry: Strategy Bites Back - It Is Far More, & Less, Than You Ever Imagined. FT Press, 2004

Morgan, Gareth: Imagens da Organização - Edição Executiva. Atlas, 2002

Pasmore, Bill: Creating Strategic Change - Designing the Flexible, High-Performing Organization. Wiley, 1994

Peters, Tom: ReImagine! Excelência nos Negócios numa Era de Desordem. Futura, 2009

Pflaeging, Niels: Liderando com Metas Flexíveis. Beyond Budgeting: Um Guia para a Revolução do Desempenho. Bookman, 2009

Pflaeging, Niels: Heroes of Leadership - The Men and Women Who Advanced Organizational Thinking in Theory and Practice. BetaCodex Network white paper, 2013

Purser, Ronald/Cabana, Steven: The Self-Managing Organization – How Leading Companies Are Transforming the Work of Teams for Real Impact. Free Press, 1998

Seddon, John: Freedom from Command and Control – Rethinking Management for Lean Service. Productivity Press, 2005

Weisbord, Marvin: Productive Workplaces – Dignity, Meaning, and Community in the 21st Century, 3rd Edition. Pfeiffer, 2012

Conteúdo adicional online

Visite o canal de
Niels, com vídeos
em Português

Veja slides e
apresentações de
Niels sobre o Beta

Veja papers
de pesquisa do
BetaCodex Network

Veja uma lista de
livros sobre o Beta

Ouça podcasts
sobre o Beta

Leia artigos sobre
o Beta

O BetaCodex no
Twitter (Português)

Artigos sobre o Beta,
em Português

Conteúdo online extra: Recursos adicionais relacionados ao livro estão disponíveis nas páginas de "conteúdo bônus" do website www.follettpublishing.com

Papers de pesquisa da rede BetaCodex, em inglês

Turn Your Company Outside-In!
Special Edition. 2008/2012

Org Physics - Explained.
No. 11, 2011

Organize for Complexity.
Special Edition. 2012

Heroes of Leadership.
No. 14. 2013

Secrets of Very Fast Organizational
Transformation. No. 15, 2019

From Now to New, Right Here:
Change-as-Flipping. No. 16. 2019

Livre acesso: www.betacodex.org/white-papers

Outros livros da Follett Publishing

Em português
**OpenSpace Beta.
Um manual para a transformação
organizacional em apenas 90 dias**

Silke Hermann I Niels Pflaeging I
Valérya Carvalho
ISBN 978-3-948471-12-5
1a edição 2021, 144 páginas
Disponível em formato e-book.

Em inglês
**Essays on Beta, Vol. 1. What´s now
& next in organizational leadership, transformation and learning**

Niels Pflaeging,
com prefacio de Silke Hermann
ISBN 978-3-948471-00-2
1a edição 2020, 154 páginas
Disponível em formato e-book.

Visite www.follettpublishing.com

Sobre os autores

Niels Pflaeging é empreendedor, consultor, palestrante e escritor que mora em Wiesbaden, Alemanha. Trabalha em quatro idiomas, entre eles o português. Se considera um pensador crítico de negócios, e também um praticante: no papel de conselheiro, ajuda gestores e organizações de todos os tipos a realizar mudanças profundas. Durante cinco anos, foi diretor na Beyond Budgeting Round Table BBRT, a think tank que desenvolveu o Beyond Budgeting. Nesse período, descobriu sua paixão pela transformação organizacional, com a qual tem trabalhado de diversas maneiras em tempo integral desde 2003.

Em 2008, Niels fundou a rede internacional BetaCodex Network, junto com Valérya Carvalho. Niels é também co-fundador da Red42 (junto com Silke Hermann), com a qual promove a transformação organizacional rápida e confiável. Niels é desenvolvedor, junto com Silke Hermann, de vários conceitos inovadores, entre eles o OpenSpace Beta, o Desenho em Estrutura de Células (Cell Structure Design) e Metas Relativas (Relative Targets). Niels é investidor-colaborador na disqourse, empresa sediada na Croácia e formada em 2021, que promove a agilidade coerente em organizações no mundo todo. Organizar para a Complexidade é o quarto de 10 livros de Niels sobre o tópico da liderança organizacional, e o segundo livro dele publicado em português. E-mail: contact@nielspflaeging.com.

Valérya Carvalho é administradora, empreendedora, management advisor, business coach, especialista em finanças corporativas e apaixonada por liderança. Com mais de 25 anos de experiência como executiva de empresas, ocupou os cargos de Gerente Executiva de Finanças Controller e CFO de empresas nacionais e multinacionais, entre elas Grupo Suzano, Chocolate Garoto S.A, Nestlé, Logoplaste do Brasil, com forte atuação em gestão estratégica e operacional, venda, fusões, e aquisições de grandes negócios e reestruturação de empresas.

Com sua profunda experiência em estruturas hierárquicas, conhecedora da realidade de diferentes gerações de profissionais. Valerya é uma das maiores referências do Brasil em implementação de modelos de gestão colaborativa: descentralizada e flexível. Valerya é co-fundadora e associate da BetaCodex Network, a primeira rede internacional de gestão open source. É presidente de sua própria empresa de consultoria baseada em São Paulo, a Beta Leadership Advisory. Email: mvaleriacarv@gmail.com

Sobre este livro –
por Niels Pflaeging

Organizar para a Complexidade resultou num livro bem diferente, comparado aos meus anteriores.
Tive a oportunidade de ganhar um pouco de experiência escrevendo e publicando livros sobre gestão e liderança: Entre 2003 e 2011, escrevi três livros, entre eles "Liderando com metas flexíveis" e "Bye-bye Management!", publicados em alemão e em vários outros idiomas. Felizmente, sempre recebi, na maioria das vezes, opiniões positivas até entusiasmadas dos leitores e dos críticos. Inclusive fui premiado algumas vezes.

Entretanto não pude deixar de perceber que as ideias sobre liderança, mudança e aprendizado que eu defendia nos meus livros apenas alcançavam e (o mais importante) tocavam apenas uma pequena fração do público pretendido. Eu queria que meus leitores tivessem uma experiência tão intensa, divertida e atraente como as das pessoas que assistem aos meus workshops, seminários e palestras! Isso, porém, não acontecia com os livros. O formato tradicional de um livro-texto poderia até ser adequado para proporcionar essa experiência para algumas pessoas, mas certamente não servia para todos.

Sendo assim, desta vez, tentei desenvolver uma nova abordagem para o livro de negócios. Ele foi projetado para alcançar "leitores" e "não-leitores" da mesma forma. É tanto para aqueles que gostam de palavras como para aqueles que gostam de imagens, visualizações, cor, estética. É também para quem quer se divertir enquanto aprende algo sobre negócios, organizações e liderança. Este livro foi criado para ser "lido" e experimentado de diversas maneiras. Os processos de criação e edição desse livro foram bem diferentes dos anteriores. Foi um processo bem mais íntimo. Fazer um livro sem uma editora convencional pela primeira vez me deu total controle de todos os elementos da obra. Até agora, isso tudo tem sido uma trajetória estimulante e animadora para mim.

Espero que esse livro seja o começo de uma trajetória para você também. Espero que você goste do livro e que ele te inspira a agir.

Agradecimentos

Os autores gostariam de agradecer:

A todos que ajudaram na tradução do livro para o português e na revisão do manuscrito: Ugo Ribeiro, Fernando Cavalher, Thaisa Ishimine, Tatiane Vesch e João Maia.

Niels Pflaeging gostaria de agradecer:

Meu agradecimento especial a minha soberana companheira, colaboradora, musa e esposa, Silke Hermann. Encontro traços dela em cada página e parágrafo deste livro. Ela modelou muito o conceito deste trabalho e sua direção editorial influenciou cada estágio do projeto.

À designer gráfica Pia Steinmann, sem ela, a concretização deste livro simplesmente não teria sido possível.

Ao meu colega, teórico de sistemas Gerhard Wohland, por uma série de modelos e ferramentas de pensar apresentados neste livro.

A Paul Tolchinsky e Deb Hartmann Preuss, que revisaram o manuscrito em inglês e assim transformaram essa obra mais uma vez.

A Jurgen Appelo, cujos desenhos originalmente me inspiraram a escrever o white paper "Organizar para a Complexidade". Jurgen generosamente me permitiu usar suas ilustrações, nas primeiras versões do paper.

A todos o meus amigos online e offline que me acompanharam e ajudaram ao longo do caminho, entre eles Bill Pasmore, Robin Fraser, Claus Jorge Süffert, David Kallás, Carla Hantower, Manoel Pimentel, Márcio Santos, Alexandre Magno, Matthias Mangels, Ugo Ribeiro, Isabella Fonseca, Roberto Ebina e Roberta Ebina.

E com muita gratidão: Patricia Sampaio, Hildene Cunha e Pedro Sampaio.

Pegue nossos livros, cartazes e pacotes de aprendizagem! Para você, sua equipe, sua empresa.

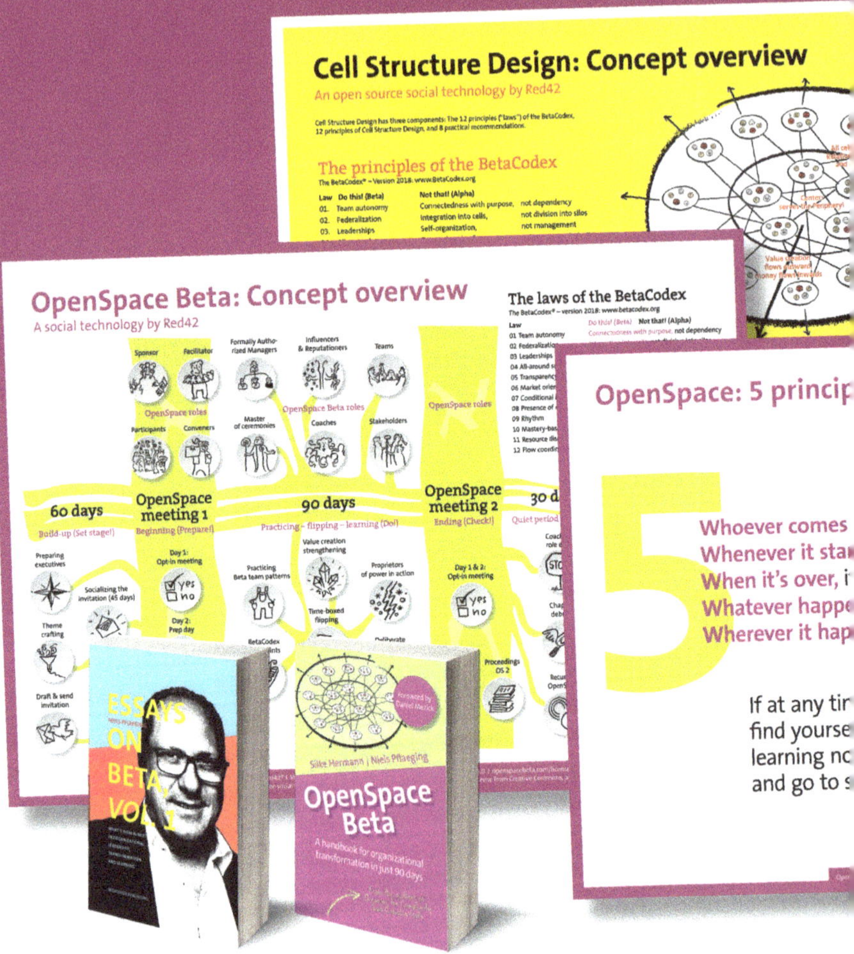

The 12 Laws of the BetaCodex

Law	Do this!	Not that!
01. Team autonomy	Connectedness with purpose,	not dependency
02. Federalization	Integration into cells,	not division into silos
03. Leaderships	Self-organization,	not management
04. All-around success	Comprehensive fitness,	not mono-maximization
05. Transparency	Flow intelligence,	not power obstruction
06. Market orientation	Relative Targets,	not top-down prescription
07. Conditional income	Participation,	not incentives
08. Presence of mind	Preparation,	not planned economy
09. Rhythm	Tact & groove,	not fiscal-year orientation
10. Mastery-based decision	Consequence,	not bureaucracy
11. Resource discipline	Expedience,	not status-orientation
12. Flow coordination	Value-creation dynamics,	not static allocations

Cartazes em formato A1.
Pacotes de livros com descontos atraentes.
Entrega internacional.

www.redforty2.com/shop

www.ingramcontent.com/pod-product-compliance
Lightning Source LLC
LaVergne TN
LVHW051120180726
843512LV00012B/893